Début d'une série de documents
en couleur

LES SOURCES

DE

L'HISTOIRE DE L'INQUISITION

DANS LE MIDI DE LA FRANCE, AUX XIIIe & XIVe SIÈCLES

MÉMOIRE

SUIVI DU TEXTE AUTHENTIQUE ET COMPLET

DE LA

CHRONIQUE DE GUILHEM PELHISSO

ET D'UN

FRAGMENT D'UN REGISTRE DE L'INQUISITION

PUBLIÉ POUR LA PREMIÈRE FOIS

PAR L'ABBÉ C. DOUAIS

Des Facultés libres de Toulouse,
Membre de l'Académie de Religion catholique de Rome.

PARIS

BUREAUX DE LA *REVUE DES QUESTIONS HISTORIQUES*

LIBRAIRIE DE VICTOR PALMÉ, ÉDITEUR

76, RUE DES SAINTS-PÈRES, 76

1881

DU MÊME AUTEUR

———

LES ALBIGEOIS

LEURS ORIGINES

Un volume in-8°. — (Poussielgue).

———

L'ÉGLISE DES GAULES ET LE CONCILIABULE DE BÉZIERS

EN 356

CONDAMNATION DE SAINT HILAIRE DE POITIERS PAR LES ARIENS

Un volume in-8°. — (Oudin).

———

MOUGÈRES

CHARTREUSE, PRÈS DE ROUJAN (HÉRAULT)

TEXTES INÉDITS ET NOTICES SUIVANTES :

1° Sanctuaires dédiés à la Sainte Vierge dans le diocèse de Montpellier;
2° Notes sur les six évêques de Béziers du nom de Bonzy (1573-1669);
3° Histoire des couvents des Dominicains de Béziers, de Montpellier
et de Clermont-l'Hérault.

Un volume in-8°. — (Montpellier).

———

L'ÉCOLE SANS DIEU

Un volume in-12. — (Poussielgue).

———

COURS D'HISTOIRE ECCLÉSIASTIQUE

LEÇON D'OUVERTURE

(Éd. Privat).

Toulouse, imprimerie Douladoure-Privat, rue Saint-Rome, 39. — 2573

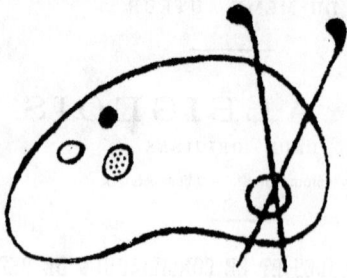

Fin d'une série de documents
en couleur

LES SOURCES

DE

L'HISTOIRE DE L'INQUISITION

DANS LE MIDI DE LA FRANCE, AUX XIIIe & XIVe SIÈCLES

MÉMOIRE

SUIVI DU TEXTE AUTHENTIQUE ET COMPLET

DE LA

CHRONIQUE DE GUILHEM PELHISSO

ET D'UN

FRAGMENT D'UN REGISTRE DE L'INQUISITION

PUBLIÉ POUR LA PREMIÈRE FOIS

PAR L'ABBÉ C. DOUAIS

Des Facultés librer de Toulouse,
Membre de l'Académie de Religion catholique de Rome.

PARIS

BUREAUX DE LA *REVUE DES QUESTIONS HISTORIQUES*

LIBRAIRIE DE VICTOR PALMÉ, ÉDITEUR

76, RUE DES SAINTS-PÈRES, 76

1881

Extrait de la *Revue des Questions historiques* (octobre 1881),
moins les textes de la *Chronique* et du *Registre*.

TABLE DES MATIÈRES

ERRATA

Page 1, N. 1. CIOCCCVII et CIOCCCCXXIII, au lieu de : CICCCVII, et
CICCCXXIII.
— 4, ligne 1, *Elle n'est plus excusable*, au lieu de : *Mais elle
n'est plus excusable*.
— 4, ligne 32, *inattendues*, au lieu de : *innattendues*.
— 9, ligne 2, (1218), au lieu de : (1217).
— 34, lignes 2-3, *pouvaient être soumis à divers châtiments*, au
lieu de : *pouvaient être soumis à subir divers châtiments*.
— 68, ligne 2, *l'immense fond Doat*, au lieu de : *l'immense collection Doat*.

ADDENDA

L'*Histoire des Albigeois*, du P. Benoist (Paris, 1691), contient les
documents d'inquisition qui suivent :

1° Interrogatoire de Benoît Molineri, de Cordes, cité en 1305 et en
1306 devant Foulques de Saint-Georges. — T. I, p. 271.

2° Faux Évangile attribué par les hérétiques à saint Jean. Extrait
d'un Registre d'Inquisition de Carcassonne. — T. I, p. 283.

3° Massacre des Inquisiteurs, d'après les *Chroniques* de saint Dominique. — T. II, p. 330.

LES SOURCES

DE

L'HISTOIRE DE L'INQUISITION

DANS LE MIDI DE LA FRANCE AUX XIII° ET XIV° SIÈCLES.

———————

Limborch, professeur de Théologie chez les Protestants-Remontrants, publia à Amsterdam, en 1692, une *Histoire de l'Inquisition*[1]. Cette Histoire eût peut-être été vite oubliée, s'il n'y eût joint, sous le titre de *Livre des Sentences de l'Inquisition de Toulouse, depuis l'année 1307 jusqu'à l'année 1323*, un *Codex* précieux, qui avait cependant le défaut d'embrasser une période courte et déjà tardive de l'Inquisition[2]. M. Charles Molinier, le premier, s'est proposé tout récemment d'étudier dans leur ensemble les documents d'Inquisition méridionale, imprimés déjà ou encore inédits. Qu'il nous soit permis de revenir sur ce même sujet, autant pour réparer quelques oublis que pour rappeler des principes trop méconnus.

Nous avons ainsi circonscrit notre cadre. Ce ne sont pas, en effet, les documents d'une histoire générale des Inquisitions que nous avons recherchés. Le tribunal de l'Inquisition en exercice, au XIII° et au XIV° siècle, dans les contrées appelées d'abord le

---

[1] PHILIPPI A LIMBORCH, *SS. Theologiæ inter Remonstrantes Professoris Historia Inquisitionis, cui subjungitur Liber Sententiarum Inquisitionis Tholosanæ* ab anno Christi CICCCCVII ad annum CICCCCXXIII. (Amstelodami, 1692).

[2] A la date de 1307, ce tribunal fonctionnait régulièrement, depuis 82 ans, dans le Midi.

1

comté de Toulouse et la vicomté de Carcassonne, et plus tard
le Languedoc, nous a seul arrêté. Encore n'avons-nous pas
étendu le rayon de nos recherches au-delà du haut Languedoc,
aujourd'hui mieux connu sous les dénominations départementales
de la Haute-Garonne, du Tarn-et-Garonne, du Tarn, de l'Aude
et de l'Ariège. Ajoutons que rarement nous sommes sorti de
Carcassonne, où siégea le tribunal principal, au XIII° et au
XIV° siècle, d'Albi, qui fut du ressort de Carcassonne, et de
Toulouse, où de si nombreux *sermons* furent célébrés.

I

Mais, comme nous venons de le reconnaître, M. Ch. Molinier
faisait de ce sujet, il y a un an, l'objet d'une thèse pour le Docto-
rat-ès-Lettres [1], riche en descriptions paléographiques ; et pour
qui a parcouru ce volumineux travail, peut-être notre dessein
paraîtra-t-il téméraire.

A vrai dire, la nouveauté n'est pas un mérite que nous ambi-
tionnions beaucoup. Nous lui préférons les renseignements com-
plets, et avec raison : car, c'est vainement que l'historien lirait
les textes et en interpréterait le sens authentique, s'il ne possédait
point, sur la question en litige, tous ceux qui ont échappé à l'action destructive du temps. Or, il ne nous paraît pas que M. Ch. Molinier ait fourni un recensement sans défaut de ces documents [2]. Il
n'en affirme pas moins, sous forme de *conclusion* [3], que les « carac-
tères les plus frappants » de l'Inquisition au XIII° siècle et dans
le Midi de la France, furent « la fiscalité et l'arbitraire. » La fiscalité : « c'est, en effet, dit-il, une chose bien surprenante que
ce pacte.... en vertu duquel les juges d'inquisition payaient, au
moyen des confiscations prononcées par eux, l'appui que leur
accordait le pouvoir temporel. » L'arbitraire, « ce caractère qui
domine et efface tous les autres. Arbitraire dans sa procédure,
essentiellement variable, employant tous les moyens, permettant

---

[1] L'*Inquisition dans le Midi de la France au* XIII° *et au* XIV° *siècle.*
Étude sur les sources de son histoire. Un vol. in-8° de XXVIII-480 pages.

[2] Il s'était proposé, de « remettre en lumière les documents oubliées », d'en
dresser « une sorte de catalogue », d'en dire « la date, le contenu, la valeur. »
Introduction, p. IX.

[3] Pages 453-464.

au juge d'user de toutes les ressources pour accabler l'accusé,
n'en laissant à peu près aucune à l'accusé pour se défendre;
arbitraire dans ses arrêts, qui ne garantissaient même pas au
coupable, frappé en vertu d'une pénalité excessive, le bénéfice
de la chose jugée, qui réservaient au juge dans tous les cas la
faculté de modifier la sentence, c'est-à-dire presque toujours de
l'aggraver, même sans faute nouvelle commise par le condamné [1]. »

Convenons qu'il faut être bien sûr de soi pour formuler des
jugements aussi graves. M. Ch. Molinier les aurait-il émis, s'il
n'avait passé sous silence la période où l'Inquisition se prépara
au milieu des commotions sociales et religieuses qui l'expli-
quent ; si, même pour la période étudiée, il avait connu quelques
documents que nous nous permettrons de lui signaler ; si, enfin,
il avait donné à quelques-uns de ceux qu'il a connus, aux lettres
pontificales, par exemple, si rapidement mentionnées, l'importance et le rang qu'ils méritent ? Peut-être que non. Pour nous,
sans espérer de n'en omettre aucun, nous croyons pouvoir promettre un recensement moins défectueux, bien que plus concis,
de ces documents.

C'est notre première excuse. Nous permettra-t-on d'en faire
valoir une seconde ?

Un préjugé assez communément répandu veut que, à l'excep-
tion des quelques actes d'Inquisition publiés par D. Vaissete [2],
par Percin [3], par Bouges [4], par Baluze [5], par M. Germain [6], et par
quelques autres connus seulement des érudits de profession, il
ne reste plus une seule trace des poursuites qui, pendant plus de
cent ans, causèrent dans le Midi une émotion si vive. Mais une
semblable opinion était déjà peu soutenable au xviie siècle devant
les contemporains des Dominicains Quétif et Echard, dont le
génie patient signalait jusqu'à vingt-deux religieux de l'ordre,
auteurs d'œuvres manuscrites sur l'Inquisition existant encore de

---

[1] Pages 456-457.
[2] *Hist. gér.r. de Languedoc*, t. III, preuves, ed. prim.
[3] *Monumenta conventûs Tolosani*.
[4] *Histoire ecclésiastique et civile de la ville et du diocèse de Carcassonne*.
[5] *Vitæ paparum Avenio.* — Cf. *Miscellanea*, t. II, pp. 247-279.
[6] *Une consultation inquisitoriale au xive siècle.* — Montpellier, 1857.
—*Inventaire inédit concernant les archives de l'Inquisition de Carcassone*,
Montpellier, 1866.

leur temps. Mais elle n'est plus excusable aujourd'hui, même
de la part de ceux qui ne fréquentent pas les bibliothèques des
manuscrits. Car, avant M. Ch. Molinier, M. Léopold Delisle avait
touché à cet important sujet dans sa magistrale étude sur Bernard Gui [1]; nous ne nous donnerons pas le trop facile plaisir
de relever l'erreur commune, bien que nous pussions nous auto-
riser de l'exemple de M. Ch. Molinier lui-même, qui s'est plu à
accabler le P. Percin de ce qu'il ignora l'existence de la *Practica* [2] de B. Gui [3].

L'utilité de ce mémoire établie, il convient de fixer l'époque de
l'histoire où notre classement doit commencer, et la méthode
d'après laquelle il sera fait [4].

Tout le monde reconnaît que le tribunal de l'Inquisition n'eut,
dans le Midi, un plein exercice qu'après 1229, c'est-à-dire après
le Concile de Toulouse, qui lui donna une existence régulière.
A en croire M. Ch. Molinier, si toutefois il nous est permis de
deviner son opinion dans le silence qu'il a gardé sur la période
antérieure à cette date, cette année 1229 nous donnerait le vrai
point de départ. A ne lire que sa thèse, où les événements fort
graves qui nécessitèrent l'établissement du fameux tribunal sont
à peine mentionnés, l'Inquisition semblerait être sortie d'un
coup de surprise ou d'un coup de force des évêques réunis à
Toulouse, adversaires implacables du néo-dualisme ; en tout
cas, elle paraîtrait avoir été comme un moyen suprême, inopiné-
ment trouvé, à la suite d'un « pacte » commun aux deux pouvoirs,
pour assurer au roi de France la conquête du pays Gascon et à
l'Église la domination brutale sur les consciences : coup de force,
devenu d'ailleurs une institution ; pacte et moyen approuvés,
quatre ans plus tard, par Grégoire IX.

Quelle que soit la puissance de la liberté humaine pour
s'affranchir des circonstances qui la sollicitent ou pour imposer
au monde des révolutions innattendues, il paraît bien difficile
de voir dans l'Inquisition le résultat d'un « pacte, » et non des

---

[1] *Notice sur les manuscrits de B. Gui. — Notices et extraits des Manuscrits*, t. XXVII, pages 402-420.

[2] *Practica officii inquisitionis*. Bibl. de la ville de Toulouse, mss. 121 et
267, 1re série.

[3] *Introduction*, p. xxiii.

[4] M. Ch. Molinier ne paraît pas même avoir soupçonné la première de ces
deux questions préliminaires.

événements. L'admettre, ce serait méconnaître l'action des mœurs publiques, qui, de tout temps, même au moyen-âge, se sont manifestées avec force; or, les intéressés eux-mêmes n'élevèrent des protestations que sur les abus, et non sur le principe. Ce serait surtout méconnaître étrangement le génie de l'Église, qui est resté toujours fidèle à la charité évangélique, tout en se pliant aux exigences des temps et tout en variant ses moyens.

De fait, l'Inquisition méridionale se présente moins comme l'œuvre de l'Église que du temps où elle fut organisée : elle a le droit de se réclamer d'un ordre de faits sociaux antérieurs au XIIIᵉ siècle. Le contraire parût-il plausible, il resterait à expliquer comment un tribunal sorti de la violence — c'est l'hypothèse des ennemis de l'Église — se serait maintenu ; comment des hommes absolument honorables consentirent à y siéger comme juges [1] ; comment l'injustice, une injustice criante, puisqu'elle s'attaquait à la vie elle-même, se serait exercée librement, pendant deux siècles, au milieu de populations frémissantes, sans trouver sa défaite devant l'indignation honnête et enfin victorieuse. Constatons seulement que M. Ch. Molinier passe totalement sous silence la période de soixante-dix ans (1160-1229), pendant laquelle l'idée du tribunal s'élabora par plusieurs essais successifs, en dehors et dans le Midi de la France, et pendant laquelle aussi quelques esprits prévirent qu'un tribunal permanent serait un jour nécessaire, si jamais il se trouvait une contrée où le néo-dualisme prédominât.

Il nous a donc paru nécessaire de remonter plus haut que M. Ch. Molinier ne l'a fait, et d'adopter cette première division générale des documents pour servir à l'histoire de l'Inquisition, en documents se référant à la période antérieure et préparatoire au plein exercice du tribunal à Toulouse (1160-1229), et en documents appartenant à la période de son plein exercice (1229-1350). La seconde de ces deux périodes fut assurément plus longue que la première : cela devait être par la nature même des choses et ne saurait constituer pour notre travail un défaut de proportion.

Mais quelle méthode adopter pour ce recensement des sources de l'histoire de l'Inquisition méridionale? M. Ch. Molinier a classé les documents postérieurs à l'année 1229, en documents déjà

---

[1] On n'a pas encore écrit la vie des Inquisiteurs méridionaux. Il nous sera permis de le regretter.

imprimés et en documents encore inédits. Puis, considérant séparément ces manuscrits inédits, il a distingué les copies des manuscrits originaux. Il n'a point tenu compte de l'ordre chronologique.

Cette méthode, bien que présentant certains avantages, ne sera pas cependant la nôtre. Il nous a paru meilleur de classer ces documents, imprimés ou inédits, copies ou originaux, dans l'ordre de leur date respective. Voici pourquoi.

On nous accordera sans peine que la confusion est regrettable partout, surtout en matière d'histoire. J'ose dire qu'elle va même jusqu'à ébranler les convictions les plus sages, quand elle se produit à propos d'un fait ou d'une institution du domaine de l'histoire ecclésiastique, puisque tant de gens jugent de la vérité religieuse par sa manifestation extérieure, c'est-à-dire par son histoire [1]. Or, la chronologie prévient toute confusion.

Cette raison, déjà grave, n'a pas seule tracé notre marche. Nous pensons que, dans l'état actuel de la science historique, il est difficile d'arrêter les lignes principales d'une histoire générale de l'Inquisition, car les faits d'un même ordre ou des mêmes contrées n'ont pas encore été pris comme objet d'études particulières. Il en ressort cette conséquence qu'il est devenu indispensable de les étudier séparément et dans les diverses localités où les inquisiteurs furent conduits par leur charge : ce sera un moyen très sûr de pas s'égarer plus tard dans la synthèse générale. Un procédé se présente ici de lui-même : c'est de grouper les faits secondaires autour d'un fait dominant et de même espèce. Le classement chronologique rendra cette tâche aisée : les trois éléments qui serviront à constituer ces groupes seront assuré-

---

[1] Il serait fâcheux, par exemple, dans l'espèce, que l'inquisiteur Étienne de l'Église, qui est de 1366, fût regardé comme contemporain de Guilhem Pelhisso, le premier historien de l'Inquisition à Toulouse († 1268) ; ou que Gui Fulcodi, archevêque de Narbonne (1260), plus tard Pape sous le nom de Clément IV, dont la consultation inquisitoriale pendant qu'il gouvernait encore l'Église de Narbonne eut une si grande autorité, prît rang, parce qu'elle fut publiée par Carena, en 1668, avant Bernard de Caux, dont les *Enquêtes* (1245-1247), antérieures à la consultation, composent un manuscrit encore inédit de la Bibliothèque de Toulouse (1re série. ms. 155), ou bien que le *Registre* de Geoffroi d'Ablis (1308-1309) fût considéré comme *posté anté* rieur au *Registre* du greffier du Tribunal de l'Inquisition de Carcassonne (1250-1258).

ment le caractère des faits, leurs causes et leurs conséquences :
si la chronologie jette peu de lumière sur le premier point, elle
éclaire les deux derniers. Finissons par cette remarque : le
classement chronologique, en nous permettant de présenter les
faits principaux dans leur enchaînement, rendra ce recensement
moins aride et initiera déjà le lecteur à l'histoire même de l'Inquisition méridionale.

II

Les documents appartenant à la période qui a précédé l'exercice régulier de l'Inquisition à Toulouse, à Carcassonne, à Albi,
forment comme un triple anneau d'une même chaîne. Parmi ces
documents, les uns, en effet, mettent en lumière ses causes ; les
autres nous font connaître les principes du droit alors dominant ;
avec les derniers, nous assistons à des essais successifs d'une
poursuite efficace des hérétiques.

Il ne paraîtra point surprenant d'abord que les documents de la
période préparatoire à l'établissement de l'Inquisition se confondent avec ceux où se trouve écrite l'histoire religieuse du Midi de
la France pendant les années qui la précédèrent immédiatement.
Malheureusement cette histoire, on ne la connaît d'ordinaire que
par les scènes tragiques de ces drames douloureux qui s'appelè-
rent le sac de Béziers (22 juillet 1209), le siège de Carcassonne
(1er-15 août 1209), la mort de Raymond-Roger (10 novembre 1209),
le massacre de Minerve (décembre 1210) ; on la renferme tout entière dans le récit de la *Croisade contre les Albigeois* (1209-1229).
Mais gardons-nous de voir, dans la victoire des croisés, la cause
ou même l'occasion de l'établissement du tribunal de l'Inquisition,
comme quelques-uns le croient, sous le spécieux prétexte qu'en
1229, après le traité de Paris, il devint facile d'accabler l'hérésie
et ses fauteurs. Ce serait, à notre avis, confondre deux effets
d'une même cause, ou même établir entre deux effets d'une
même cause une connexité qui n'existe pas. Les événements
qui se déroulèrent dans le comté de Toulouse pendant la légation du B. Pierre de Castelnau (1203-1208), et qui aboutirent à
l'assassinat de celui-ci, eurent une suite très inattendue : la Croi-

sadé [1]. Je ne crois pas qu'il soit possible de méconnaître que ce fut une nécessité pour l'Église de prendre en main elle-même la cause de la société menacée. Aussi il nous paraît probable, pour ne pas dire certain, que, si Pierre de Castelnau n'avait pas été frappé par le fer de l'écuyer de Raymond VI, et que si, d'autre part, le légat vivant, le comte de Toulouse avait persisté dans son système de neutralité impolitique — neutralité qui était de l'hostilité envers l'Église — il nous paraît probable, disons-nous, que le légat envoyé pour demander la répression des hérétiques, n'obtenant rien, aurait organisé la défense et la protection des catholiques par la voie légale : quelques documents d'Inquisition des années 1208 et 1209 nous autorisent à conclure que la Croisade et l'Inquisition ne peuvent être rapprochées que sur deux points : l'époque et l'identité de la cause qui les produisit.

Il est du reste facile de discerner le caractère de cette cause.

L'hérésie néo-dualiste ne s'arrêta point en Orient : sans qu'il s'explique tant de faveur, l'historien la rencontre en même temps en France, en Italie, en Allemagne, en Dalmatie, en Grèce, dans toute l'Europe. Dès le premier moment, elle engagea une lutte ouverte contre l'Église, contre le Pape, les Évêques et toute la hiérarchie. Dans le comté de Toulouse, la situation fut sans doute rendue particulièrement douloureuse par la complicité de Raymond-Roger, vicomte de Carcassonne, par la faiblesse ou l'indifférence de Raymond VI, comte de Toulouse. Mais le danger que coururent, au XIIᵉ siècle, l'Église et la civilisation, fut plus grave qu'il ne l'avait jamais été encore, après l'Arianisme, après les Barbares, et les Arabes [2]. Le sentiment national fit même cause commune avec l'erreur en plusieurs endroits, par exemple dans le pays où le dualisme de Manès se conserva, chez les Grecs-Slaves, et dans les pays où le néo-dualisme s'envenima le plus, comme dans le sud de la France. De là, la conviction à peu près universelle, vers la fin du XIIᵉ siècle et au commencement du XIIIᵉ, que la répression devait faire son œuvre ; ce sentiment inspira bien des lettres du clairvoyant pontife Innocent III. Ajou-

---

[1] *Innoc. III, Regest.,* Lib. XI, Ep. XXVI, Ep. XXVIII, Ep. XXXII, Ep. XXXIII, Ep. CCXXIX.

[2] *Histoire des Conciles,* par Mgr Héfélé, trad. Delarc, t. VIII, p. 61.

tons qu'après la mort de Simon de Montfort sous les murs de
Toulouse (1217), un second sentiment qui répondait à un besoin
plus que jamais compris et partagé, fortifia et éleva le premier :
le vif désir de la paix, dont le Midi de la France surtout appela
les bienfaits. Ce point d'histoire, jusqu'ici peu étudié, nous semble
éclairé d'une vive lumière par les lettres d'Honorius III. Ces con-
sidérations, si nous écrivions l'histoire de l'Inquisition, nous
arrêteraient longtemps : car, en 1229, le pouvoir séculier et le
pouvoir ecclésiastique pensèrent que la paix dans un pays agité
comme le comté de Toulouse, s'établirait et durerait à la seule
condition de voir toutes les causes de troubles anéanties ou du
moins rendues impuissantes.

L'Inquisition méridionale, dont le fonctionnement régulier
et permanent commença à Toulouse en 1229, fut donc préparée
dans le cours du siècle précédent. Elle ne se proposa, lors des
premières recherches, que de conjurer un péril évident et sensible ; et d'ailleurs les rois de France, en mettant, après 1229,
dans le Midi, l'hérésie au rang des crimes de droit commun,
n'eurent pour but que d'écarter un péril, qui n'était plus
uniquement religieux. Dès lors tout historien de l'Inquisition verra, dans l'étude et la connaissance approfondie du XIIᵉ
siècle, une introduction obligée, destinée à expliquer plus tard
bien des faits de nature à étonner, s'ils restaient isolés. Le P. De
Smedt a déjà signalé ici même les sources de l'histoire du néo-
dualisme [1]. C'est à la lumière incorruptible de ces sources qu'il
nous dira, avec toutes les garanties d'une saine critique, si
l'Église, en poursuivant les hérétiques, agit par « entraînement [2] »
ou non ; si elle appela sur elle par l'Inquisition les mal-
heurs du XIVᵉ siècle [3] ou non ; si elle fit œuvre bonne ou mau-
vaise ; si le mal méritait une telle répression ou non. Les
Prédicateurs [4] alors en vogue, les légats pontificaux [5], les théolo-

---

[1] Octobre 1874, p. 476.

[2] M. Ch. Molinier, p. 463.

[3] M. Ch. Molinier, *Conclusion.*

[4] Robert d'Arbrissel, Raoul Ardent, saint Bernard, Jacques de Vitry, Gui
de Carcassonne, Foulques de Toulouse, Arnaud de Citeaux, saint Dominique surtout.

[5] Le cardinal Albéric, le cardinal Pierre de Saint-Chrysogone, les moines
Rainier, Gui, Raoul, Pierre de Castelnau, le cardinal Jean de Saint-Paul
de Sainte-Prisque, Milon, Thédise, Arnaud.

giens [1], les évêques [2], les papes [3], les chroniqueurs du temps, les hérétiques eux-mêmes s'en expliquèrent. Ils ont le droit d'être entendus. Les collections de Bouquet, de d'Achery, de Mansi contiennent un grand nombre de documents qui serviront à fixer la nature de l'hérésie. La lettre d'Yves de Narbonne mettra en relief ses agissements : le Concile de Lombers et le meurtre de Trencavel dans l'église de la Madeleine, à Béziers, permettront à l'historien de saisir sur le fait, pour ainsi dire, leur audace et leurs moyens [4], et les cinquante-deux conciles, dont trois généraux, qui se réunirent de 1119 à 1229, pour traiter des mesures à prendre afin d'arrêter l'incendie, le placeront en présence d'une préoccupation universelle, alarmée, de tout ce qu'il y avait alors de plus saint et de plus digne dans l'Église.

L'Inquisition méridionale s'explique par ces alarmes, certes justifiées. Au XIIIe siècle, elle peut aussi être considérée comme une conséquence dernière de la situation légale faite depuis longtemps déjà à l'hérétique. L'hérétique était placé par son hérésie en état de révolte, et les lois punissaient ce criminel de lèse-nation [5] : ainsi, pour ne rappeler qu'un exemple souvent cité, le *Miroir de Souabe* le menaçait de la mort. De fait, pendant les soixante-dix ans qui précédèrent l'établissement du tribunal de l'Inquisition à Toulouse, l'Église dénonça quelquefois l'hérétique au pouvoir séculier, auquel seul elle reconnaissait le droit sur le corps, et le pouvoir séculier, comme au IVe et au Ve siècle, édicta des peines contre lui. L'Inquisition devint de la sorte un tribunal qui statua sur le cas de l'hérésie; il eut donc sa procédure et sa pénalité. Avant de porter un jugement, le moins qu'on puisse demander à l'historien c'est de se rendre familier avec l'esprit de la législation au moyen-âge, et aussi avec la manière dont la justice était rendue, à la fin du XIIe siècle et dans les premières années du XIIIe, sous Philippe-Auguste et sous les comtes de Saint-Gilles, à Tou-

---

[1] Bonacursus, Bernard, abbé de Foncaude, Galdin, Eckbert, Ermengaud, Ebrhard de Béthune, Moneta, Renier Sacchoni, Alain de Lille.

[2] Comme par exemple, Luc, évêque de Tuy en Gallicie, Hugues, évêque de Rouen, Roger, évêque de Châlons-sur-Marne, Gaucelin, évêque de Lodève, Bernard, archevêque d'Auch.

[3] Principalement Alexandre III, Lucius III, Innocent III.

[4] Notre étude : *Les Albigeois, leurs origines*, pp. 359-388.

[5] Cf. l'intéressante brochure : *L'hérésie et le bras séculier au moyen-âge jusqu'au treizième siècle*, par Julien Havet. Extrait de la *Biblioth. de l'École des chartes*. Paris, Champion, 1881.

louse. Alors seulement, il aura qualité pour nous dire si le tribunal de 1229 marqua un progrès ou une décadence, si le for ecclésiastique, si souvent préféré au for civil, fut redouté, cruel, méprisé, comme quelques-uns se plaisent à le dire.

Or, en présence de tout tribunal, trois questions se posent d'elles-mêmes : Quelle fut son organisation ? Quelle sa compétence ? Quelle sa procédure ? M. P. Fournier, traitant dernièrement des officialités au moyen-âge, a cru pouvoir signaler, dans le tribunal de l'Inquisition, cinq dérogations aux règles ordinaires de la procédure d'alors.

On pouvait employer devant les inquisiteurs, dit-il, l'une ou l'autre des trois procédures reçues dans l'Église, accusation, dénonciation ou inquisition. Toutefois les règles ordinaires subissaient, en cette matière, de très graves dérogations.

I. Si l'on communiquait au *reus* les dépositions à sa charge, on se gardait bien de lui laisser connaître les noms des témoins et des dénonciateurs, au moins lorsqu'il en pouvait résulter des dangers pour ceux-ci [1]. Le droit postérieur, enchérissant sur cette règle, défendit de révéler ces noms en aucun cas [2].

II. Les incapacités de témoigner en justice s'évanouissaient pour la plupart lorsqu'il s'agissait de déposer dans un procès pour hérésie. Le juge était cependant tenu d'écarter les témoins qui entretenaient contre l'accusé des inimitiés capitales ou conspiraient contre son autorité.

III. La torture fut employée dans le but de provoquer les aveux des individus poursuivis pour hérésie. Jusqu'au treizième siècle, il ne pouvait en être question dans les tribunaux ecclésiastiques, puisqu'elle eût rendu irrégulier tout juge d'Église qui l'eût ordonnée [3]. L'influence du droit romain ayant fait assimiler l'hérésie au crime de lèse-majesté, on fut amené à recourir contre les hérétiques à toutes les rigueurs de procédure que fournissait la législation romaine. La torture, en effet, n'est nullement une institution du droit canonique : c'est dans les textes nombreux du Digeste et du Code qu'il faut en rechercher l'origine [4]. Il semble bien, à lire une bulle d'Innocent IV

[1] 20, in 6, V. 2. Boniface VIII y renouvelle la règle posée par ses prédécesseurs Innocent IV, Alexandre IV, Clément IV. — Cf. Eymericus, *Directorium inquisitorum*, append., p. 41.

[2] Constitution de Pie IV, Eymericus, *Directorium*, Append. p. 143.

[3] C. 23, q. 8, C. 30.

[4] Deux textes canoniques paraissent faire allusion à la torture (C. 5, q. 5, C. 4, et 1, X, V, 16). Le premier de ces textes, tiré d'une fausse décrétale, n'a point trait à la torture. Le second nous semble ne point s'y rapporter davan-

rendue en 1252, que les inquisiteurs faisaient alors donner la torture
aux hérétiques par les juges séculiers [1] ; mais bientôt une décision
d'Urbain IV leur permit de se relever les uns les autres des irrégu-
larités qu'ils encourraient en ordonnant eux-mêmes la torture [2]. Dès
lors elle fut reçue dans la pratique des tribunaux ecclésiastiques [3], et
les jurisconsultes durent se préoccuper de déterminer les circonstances dans lesquelles il serait permis de l'employer. Toutefois, quoique
G. Durand lui consacre quelques lignes dans la théorie générale de
la procédure d'accusation [4], il est vraisemblable que la torture ne fut
guère appliquée par les juges d'Église en dehors des poursuites contre
les hérétiques. En effet, le *Speculator* est trop sobre de détails sur
cette institution pour que nous puissions lui attribuer dans la procédure une importance considérable.

Quoi qu'il en soit, Durand donne le premier, sur l'emploi de la torture, le résumé des règles que la pratique devait développer. La
torture est un moyen subsidiaire, qui ne s'emploie qu'à défaut d'autres
preuves : elle ne peut être ordonnée que lorsque le prévenu est sous
le coup d'indices graves, ou qu'il a vacillé dans ses réponses ; enfin
l'aveu arraché par la torture n'a de valeur qu'autant qu'il n'est pas
rétracté sitôt après la cessation des tourments.

IV. Le ministère des avocats était refusé aux prévenus dans un
procès d'hérésie [5].

V. Le procès pouvait se terminer soit par une condamnation, soit
par une sentence ordonnant le serment purgatoire, soit par l'abjuration solennelle que faisait le prévenu, auquel une pénitence était
ensuite imposée [6].

Telles sont les affirmations de M. Fournier [7]. On comprend
combien il importe de justifier ou de combattre de semblables
allégations, de dire jusqu'où elles sont vraies, jusqu'où elles sont
fausses. Or, il se trouve que la seconde moitié du XIIe siècle et la

tage, car si on l'entend dans ce sens, Alexandre III y ordonne de mettre à la
torture le dépositaire infidèle et, au besoin, de le charger de chaînes ; cette
progression n'est pas rationnelle. D'ailleurs, au temps d'Alexandre III, le
juge d'Église eût encouru l'irrégularité en ordonnant la torture. Quant au C.
6, X, V. 41, il faut lire *questibus* et non *quæstionibus*. Cf. Biener, *op cit.*, p. 55.
   [1] Bulle *Ad extirpenda*. Eymericus, *Directorium*, append. p. 7.
   [2] *Ibid*. Commentaire de Pegna, c. x, p. 592.
   [3] 1, § 1, Clem., V, 3.
   [4] *Specul.* lib. III, pars I, de accusatione, § 1, n° 24.
   [5] *Directorium Eymerici*, append., p. 7.
   [6] *Les Officialités au moyen-âge*, par Paul Fournier, professeur agrégé à
la faculté de droit de Grenoble., Paris, Plon, 1880, IIIe partie, chap. v, § 10.
   [7] Nous nous arrêtons à l'auteur qui a le plus récemment parlé de l'Inquisition.

première du XIIIᵉ furent animées d'un enthousiasme vraiment
sincère pour l'étude du droit romain, qui, dans l'application
comme dans l'enseignement, l'emporta sur le droit germanique.
Justement, c'est pendant la période la plus florissante de l'hérésie
dualiste, d'Eugène III à Grégoire IX, que cinq collections du
droit canon virent le jour ; les unes et les autres, sinon avec la
même autorité, prirent place sur le bureau des juges. Ce fut un
temps où on aima la vérité religieuse, mais aussi un temps où
on aima la justice. A-t-on jamais réfléchi que les Papes dont l'influence fut la plus durable et la plus profonde, étaient en même
temps des canonistes de premier mérite? Alexandre III, Lucius III, Innocent III, Honorius III, Grégoire IX, Innocent IV
avaient étudié le droit à Bologne. Leurs noms, nous les trouvons au berceau comme aux beaux jours de l'Inquisition : et
l'on ne peut oublier que l'école de Bologne délivra le moyen-
âge de ce jugement barbare, procédure vraiment trop sommaire, appelé, au XIᵉ siècle, le jugement de Dieu : elle marqua
un progrès véritable dans la manière dont les hommes, sous
l'action de l'Église, comprirent et appliquèrent la justice sociale.

Certes, nous n'apprendrons rien de nouveau sur les sources
pour l'étude du droit pendant les soixante-dix années qui précédèrent l'Inquisition et celles qui la suivirent, et pendant lesquelles
le droit romain fut appliqué universellement dans la Province,
comme l'atteste le sénéchal Pierre d'Auteuil [1]. En 1769, l'ita-
lien Sarti écrivait les savantes biographies des professeurs de
Bologne [2] ; en 1835, Savigny nous donnait une *Histoire du
droit romain au moyen-âge* [3] ; et le docteur Phillips, à une
époque plus rapprochée, circonscrivant le cercle de ses recherches, étudiait les sources elles-mêmes du droit ecclésiastique [4].
Ces travaux faciliteront l'intelligence du *Corpus juris*, du *Décret*
de Gratien, et des *Glossaires* [5].

---

[1] Aug. Molinier, *Hist. du Languedoc*, édit. Privat, t. VII, p. 78.
[2] *De claris archigymnasii Bononiensis professoribus.*
[3] Traduit de l'allemand par Guenoux.
[4] *Du droit ecclésiastique dans ses sources*, trad. par l'abbé Crouzet. Paris,
1852.
[5] Les plus habiles parmi les Glossateurs furent Sicard, dont le *Liber mitra-
lie* fut placé dans le *Rationale* de G. Durand, mort évêque de Crémone, en
1215; G. Durand; Pierre de Blois, le *jeune*, auteur du *Speculum juris cano-
nici*; Hugues de Ferrare, qui mérita les éloges d'Innocent III ; Jean le Teu-
tonique, dont la *Glossa ordinaria* fut appelée la *Lumière des décrets*.

III

Des sources d'information plus intéressantes que celles-ci sont celles qui regardent le tribunal lui-même et ses premiers essais. L'Inquisition s'y présente avec le double caractère d'être ordonnée par les Conciles et exercée par les évêques : c'est l'Inquisition épiscopale.

Pour étudier cette période de formation, qui s'étend de l'année 1163 environ jusqu'à l'année 1229, nous avons le texte de plusieurs conciles, une ordonnance de Lucius III, quelques lettres de ses deux successeurs immédiats, Inocent III et Honorius III, des ordonnances émanant de Fréderic II, de Blanche de Castille et de Raymond VII, et quelques actes d'Inquisition formulés par saint Dominique qui, semble-t-il, fut un des premiers assesseurs du tribunal à Toulouse.

Le 19 mai 1163, le concile de Tours, présidé par le pape Alexandre III lui-même, traita dans le canon IV, la question des hérétiques Albigeois, qui, à cette date, préoccupait déjà vivement les esprits [1]. Il reconnut d'abord la nécesssité et l'obligation de les frapper par des peines temporelles, et demanda aux princes, non seulement de surveiller leurs conventicules, mais encore d'emprisonner ceux des hérétiques notoires qui seraient découverts, et même de les punir par la confiscation des biens [2]. Seize ans après, le concile général de Latran alla plus loin : il édicta, dans le vingt-septième canon, que les princes étaient en droit de soumettre les hérétiques à la servitude ; il promit même des avantages spirituels à tous ceux qui les combattraient par les armes [3]. Le 4 novembre 1183, Lucius III, d'accord avec l'empereur, promulgua, à Vérone, ce long et fameux décret qui demandait, non seulement la condamnation, mais encore la recherche de l'hérétique. L'évêque était tenu, tous les ans, de visiter par lui ou par son grand vicaire, les paroisses dans lesquelles, d'après le bruit public, pouvait se trouver quelque hérétique. Trois per-

---

[1] Il sera facile de constater la même préoccupation dans plusieurs conciles antérieurs à celui-ci, celui de Toulouse, présidé par Calixte II (1119), celui de Latran (1139), celui de Reims (1148), celui de Montpellier (1162).

[2] Mansi, t. XXI, pp. 1167 et seq.

[3] Mansi, t. XXII.

sonnes de l'endroit ou du voisinage, jouissant d'une bonne réputation, étaient invitées à prêter serment ; on les interrogeait sur les hérétiques. On prononçait ensuite. Les officiers de l'autorité civile, sous peine de perdre leur dignité, s'engageaient à observer le décret de Vérone. Ce décret, en attendant qu'il passât dans le droit [1], fut promulgué sans retard dans les diocèses de Tarragone, de Barcelone, de Gironne, de Vic et d'Elne, avec lesquels la Septimanie entretenait de nombreuses et amicales relations [2].

L'Inquisition épiscopale était ainsi établie : c'est sous cette forme qu'elle commencera, à Toulouse, en 1229.

Le successeur de Lucius III fut le grand et immortel pape Innocent III, noble esprit, main ferme, âme élevée, d'une activité surprenante, revêtu, à l'âge de trente-sept ans seulement, après un vote unanime des cardinaux, de la plus haute dignité, aussi prompt à se déterminer que ferme dans le gouvernement. Instruit par ses légats des projets des ennemis de l'Église, attristé de leurs agissements, mais résolu à les arrêter, ce n'est pas en 1198, à l'époque de son avènement au trône pontifical, ni en 1207 et 1208, quand son légat auprès de Raymond VI, loin de rien obtenir des barons, était assassiné, qu'Innocent III pouvait songer à ne pas s'inspirer de la conduite de ses prédécesseurs. « De toutes les tempêtes qui battent la barque de Pierre, écrivait-il à l'archevêque d'Auch, celle dont la pensée nous afflige le plus, c'est que les ministres de la méchanceté diabolique se lèvent contre la foi orthodoxe avec plus de liberté que jamais. Ils prennent misérablement dans leurs filets les âmes des simples. Ils donnent aux saintes Écritures, dont ils changent le sens, des interprétations superstitieuses et imaginaires, pour déchirer l'unité de l'Église. Nous avons appris par vous et par d'autres que la peste de cette erreur a pris un fort accroissement dans la Gascogne et les provinces adjacentes. Aussi voulons-nous que vous et les autres évêques, vous vous opposiez efficacement à un si grand mal : car il est à craindre que la partie du troupeau, saine encore, ne se

---

[1] *Decret. Greg.*, lib. V, tit. VII, cap. IX.
[2] Le concile de Vérone ne fixa point le châtiment qui serait infligé aux hérétiques. Mais l'empereur édicta contre eux la peine du ban impérial (*Monumenta Germaniæ, Script.*, t. IX, p. 542), qui selon quelques-uns comprenait l'exil, la confiscation des biens, la démolition des maisons des condamnés, l'infamie et l'incapacité d'exercer les fonctions publiques.

laisse entraîner et que la corruption ne devienne générale. Nous vous ordonnons donc d'extirper de vos frontières ces hérésies, et d'en faire sortir ceux qui les propagent. Quant à ceux qui entretiennent avec eux des relations, traitez-les selon la rigueur des lois ecclésiastiques; si c'est nécessaire, demandez même aux princes et au peuple d'employer contre eux le glaive matériel [1]. »

Deux mois après, il annonçait l'arrivée de ses légats Gui et Rainier aux évêques des provinces d'Aix, de Vienne, d'Embrun, de Lyon et de Narbonne, et les priait de leur obéir fidèlement, soit pour chasser les hérétiques de leurs terres, soit pour confisquer leurs biens, soit pour adresser un appel au bras séculier. Ceux qui, requis par les légats, prendraient les armes contre les fauteurs de l'hérésie, gagneraient l'indulgence attachée au pèlerinage *ad limina Petri vel Jacobi*. En terminant, le pape donnait le fondement du droit alors en vigueur, dans cette formule aussi brève qu'expressive : « Celui qui perd la foi vole la vie [2]. »

Ces mesures s'étendirent bien au-delà de la Province ; elles prirent un caractère général : car l'hérésie était internationale, européenne. L'archevêque de Milan reçut l'invitation d'éloigner les hérétiques de toutes les charges [3]. Pour Vérone, les mesures furent plus rigoureuses [4] ; et le pape cependant ne craignit pas de dire qu'il usait de miséricorde et d'indulgence: si les criminels de lèse-majesté humaine en effet méritent pour eux la mort, et pour leurs descendants la confiscation des biens, de quels châtiments ne sont pas dignes les criminels de lèse-majesté divine ? Le pape veilla lui-même à ce que ses volontés fussent fidèlement observées. C'est ainsi que Trévise ayant refusé de recevoir la constitution du légat pontifical contre les hérétiques qui avaient formé une ligue avec ceux de Vicence et de Vérone, il appliqua à cette ville rebelle toute la rigueur des lois ecclésiastiques [5]. Cette rigueur nécessaire ne l'empêchait point, du reste, d'agir avec prudence, et de demander au cardinal-évêque de Vérone de veiller à ce que l'innocent ne fût point confondu avec le coupable [6], conseil si souvent rappelé plus tard.

[1] *Reg.*, Lib. I. Ep. LXXXI.
[2] « Nam qui fidem adimit, vitam furatur. » *Reg.*, Lib. I, Ep. XCIV. Cf. Ep. CLXXV.
[3] *Reg.*, Lib I, Ep. CCXCVIII. Cf. lib. II, Ep. CCXXVIII.
[4] Lib. II, Ep. I.
[5] *Reg.*, Lib. II, Ep. XXVII.
[6] *Reg.*, Lib. II, Ep. CCXXVIII.

Ainsi, vers 1200, l'hérétique n'était pas seulement regardé comme un ennemi public, mais encore, sur un soupçon, il pouvait être appelé et interrogé ; reconnu coupable, il pouvait être remis au bras séculier.

Pierre de Castelnau, envoyé en 1203 dans le pays toulousain, ne reçut pas une mission différente de celle des divers légats accrédités à Vérone, à Milan, à Trévise, dans la Dalmatie et la Hongrie. Seulement le Saint-Siège lui donna des instructions plus pressantes pour une répression immédiate [1] : car ici, la complicité des barons était évidente, et la faiblesse de quelques évêques approchait du scandale. La légation du moine de Fontfroide fut des plus difficiles, malgré l'appui constant du pape, qui dut se plaindre plusieurs fois aux évêques de leur peu de zèle, qui alla jusqu'à interdire celui de Béziers [2], et qui demanda, presque en suppliant, au roi de France de venir à son aide, comme suzerain du comté de Toulouse et de la vicomté de Carcassonne [3].

Il est certain que l'interrogation de ceux qui étaient sous le soupçon d'hérésie commença dès lors dans le Midi. Il nous reste un acte de février 1203, dans lequel le roi d'Aragon, ému de l'état des choses dans la vicomté de Carcassonne dont il était suzerain pour les terres voisines des Pyrénées, dit s'être transporté à Carcassonne, y avoir convoqué et entendu les hérétiques, en présence de l'évêque, des légats Raoul et Pierre de Castelnau, dans une première conférence. Il ajoute : *Eos hæreticos cognovi et judicavi.* Il présida de même une seconde conférence, qui eut peut être plutôt le caractère d'une dispute théologique que d'un interrogatoire. Les catholiques et les hérétiques y prirent part en égal nombre, treize de chaque côté. Les catholiques avaient à leur tête l'évêque de Carcassonne, et les hérétiques leur *évêque* aussi, du nom de Bernard Decimorra. Le roi, qui a la parole dans ce document, dit en finissant : « Mais le jour suivant, « en présence de l'évêque de la cité et d'un grand nombre, je « les ai jugés hérétiques [4]. »

La présence de Pierre de Castelnau auprès de Pierre II a porté le savant et judicieux Henschenius à croire que l'Inquisition fut

---

[1] *Reg.*, Lib. VI, Ep. ccxlii.
[2] *Reg.*, Lib. VI, Ep. ccxlii et ccxliii.
[3] *Reg.*, Lib. VII, Ep. lxxviii et ccxii. — Lib. X, Ep. cxlix.
[4] *Études historiques et documents inédits sur l'Albigeois*, par Compayre, p. 227.

2

établie dans le pays toulousain par Innocent III, quand il lui
confia sa périlleuse légation [1]. De fait, l'ordre de Cîteaux a dis-
puté à saint Dominique le titre de premier inquisiteur [2], souvent
revendiqué par les historiens des Prêcheurs. Sur ce point il
nous reste des actes authentiques, qui assurément ont plus de
valeur que les opinions individuelles. Ainsi, le XXXIᵉ volume
du fond Doat [3] contient un acte dans lequel saint Dominique
d'abord reconnaît agir au nom et en vertu de pouvoirs délégués
au légat Arnaud, et ensuite applique à Pons Roger converti des
peines méritées par son hérésie, ancienne déjà, en recommandant
à son curé de veiller sur ses relations et sur sa foi. Cet acte re-
monte, croit-on, à l'année 1207 ou à l'année 1208. On n'y voit pas
que Pons Roger ait été mandé pour comparaître : il nous montre
saint Dominique siégeant comme juge, ou plutôt comme assesseur, pour connaître de la foi du prévenu. Mais il ne détruit point
l'opinion d'Henschenius, et peut prendre rang avant la tradition
de la chancellerie pontificale. Ainsi Sixte-Quint, dans sa bulle de
1586 pour la fête de saint Pierre, dominicain et martyr de l'Inquisition, disait que successivement Innocent III et Honorius III
conférèrent à saint Dominique la charge d'inquisiteur [4]. Saint
Dominique aurait ainsi reçu une délégation pontificale pour
l'Inquisition après l'année 1209.

Que le B. Pierre de Castelnau, qu'Arnaud, que saint Dominique ou
tout autre ait le premier exercé les fonctions d'inquisiteur dans
le Midi ou non, il paraît certain qu'un tribunal pour la punition
des hérétiques fut en exercice en 1203, et en 1207 ou 1208. Les
textes allégués et l'état des esprits permettent de penser que, si la
présence de Pierre II y fut transitoire, le tribunal eut un fonctionnement intermittent et temporaire. Le Concile d'Avignon de 1209,
qui formula en termes précis l'idée et les moyens de répression
alors possibles, corrobore la force de ces textes [5], et la bulle de
juillet 1210, par laquelle Innocent III enjoignait aux abbés et aux
prélats des diocèses de Narbonne, Béziers, Carcassonne, Toulouse et Albi, de disposer des biens des hérétiques en faveur de

---

[1] Bolland. 29 Maii, ad *Acta B. Petri de Castronovo.*
[2] Bolland. 4 Aug., S. Dominic.—Cf. Percin, *Monum. Conv. Tolos.*
[3] Biblioth. nationale, fᵒ 1.
[4] Apud Percin, *Monum. Conv. Tol. Inquis.*, Pars I, c. III.
[5] Percin, *Monum. Conv. Tol. Inquis.*, Pars II, c. II.

ceux qui reviendraient à la foi [1], donne la certitude. Un doute
existât-il encore, qu'il tomberait devant la lettre des consuls
et des membres du Conseil de Toulouse à Pierre II. Ils suppliaient, à genoux, le roi, leur protecteur, de prendre connaissance des rapports qu'ils avaient eus avec le légat Arnaud à
diverses reprises. Celui-ci, lui disaient-ils, avait exigé d'eux que
les *Credentes hœreticorum* fussent livrés aux barons. Pourquoi ?
« Afin que, selon le jugement et la coutume, ils se purgeassent
de Brayna [2]. » Les commissaires du légat avaient été chargés de
faire connaître ces *Credentes.* Les personnes désignées avaient
été interrogées ; quelques-unes, ayant feint de pratiquer la foi,
avaient été rendues à la liberté ; mais d'autres avaient subi la peine
du feu, au grand regret des consuls, qui avouaient avoir connu
avec une extrême surprise l'ordre du comte de livrer au feu
tout hérétique. Les consuls ajoutaient qu'ils étaient disposés à
faire comparaître devant la cour épiscopale ceux qui leur seraient
encore signalés. Et cependant, malgré leur bon vouloir, ils
avaient été frappés d'interdit. Ils en avaient donc appelé au Pape,
et Innocent III, par sa lettre aux légats pour qu'ils levassent
l'interdit, constatait que les consuls avaient refusé de livrer les
prévenus, mais seulement après les avoir entendus [3].

Cette lettre contient des indices sûrs de l'existence de l'Inquisition en 1212 ; et s'il nous est permis de ne pas accorder
la même confiance à tout ce que racontent à Pierre II ces témoins
intéressés, un doute sur le fond n'est pas possible. Nous en
avons d'ailleurs pour garant les ordonnances du concile d'Avignon, en date du 6 septembre 1209.

Ce concile provincial, présidé par Milon, légat pontifical et
successeur de Pierre de Castelnau, voulut, afin que chaque
évêque pût extirper totalement l'hérésie de son diocèse, qu'il y
eût dans chaque paroisse un prêtre et deux ou trois ou un plus
grand nombre de laïques, de bonne réputation, qui émissent entre
les mains des prélats le serment de dénoncer, dès qu'ils les connaîtraient, les hérétiques et leurs protecteurs, de les faire connaître aux consuls et barons, qui leur infligeraient la peine
méritée [4]. Pressés par ce concile, les consuls de Toulouse avaient

---

[1] Doat, vol. XI, f° 28.
[2] « Ut ipsi, secundum judicium et consuetudinem, de Brayna se purgarent. »
[3] Layettes, n° 968.
[4] Can. 2. Cf. Héfélé, *Hist. des conc.*, § 645.

en partie obéi au légat, tout en essayant de soustraire à l'Inquisition des prévenus pour lesquels ils avaient plus d'une sym-
pathie de parenté et d'opinion. Ce fut aussi pour ne pas irriter la
cour pontificale que, le 25 avril 1214, sept mois après la désas-
treuse défaite de Muret, Jourdain de Villeneuve, Aymeric de
Castelnau, Arnaud Bernard Bandura, Arnaud Barrave, Vital de
Punach, Peregrin Signier, Guillaume Bertrand, promirent de nouveau de tout mettre en œuvre pour la répression des hérétiques [1];
et le concile de Montpellier [2] exprima, avec les craintes, les
désirs d'un grand nombre, quand, après avoir dit combien la paix
des esprits était nécessaire, combien étaient imprudents ceux,
encore nombreux, qui la troublaient [3], il renouvela l'ordonnance du concile d'Avignon [4]. Enfin, à la mi-novembre de cette
même année, le concile de Latran, douzième général, confirmait
de son autorité souveraine l'Inquisition épiscopale, déjà établie
par les synodes de Vérone, d'Avignon et de Montpellier [5]. Quelques années plus tard, le chapitre III, dirigé tout entier contre
les Albigeois, passa dans le *Corpus juris,* et fixa ainsi la législation ecclésiastique dans la question de l'hérésie [6].

A partir de ce moment (1215) jusqu'en 1226, année où l'intervention victorieuse du roi de France dans les états Toulousains
devint un fait accompli, nous ne connaissons aucun document
qui ait directement trait à l'Inquisition méridionale. Après la
remise du pays vaincu à Simon de Montfort, l'hérésie semblait
devoir s'éteindre d'elle-même. A quoi bon dès lors la poursuite
des hérétiques? Seulement, s'il nous est permis de jeter un regard au delà des frontières gasconnes, n'oublions pas de rappeler que l'empereur renouvela les ordonnances de Vérone, et que
Jacques d'Aragon ferma à l'hérésie l'entrée de ses terres [7].

Cependant, après la mort de Simon de Montfort sous les murs
de Toulouse, les hérétiques, soutenus par Raymond VI et en-
hardis par la faiblesse d'Amaury de Montfort, relevèrent, sous le
prétexte de recouvrer l'indépendance, l'étendard de la révolte

[1] Layettes, n° 1072.
[2] 8 janvier 1215.
[3] Can. 32, 34, 35.
[4] Can. 46. Cf. Mansi, t. XXII,
[5] Can. III.
[6] *Decret. Greg.* IX, Lib. V. tit. VII, cap. XIII.
[7] Layettes, n° 1758. Cf. Tourtoulon, *Jacme Ier,* t. II, pp. 160, 243, 368, 369

contre l'Église. Les premiers conseils de répression tendirent
à l'emporter peu à peu sur les pensées de clémence que le doux
et timide Honorius III avait déjà fait prévaloir au commencement
de son pontificat.C'est ainsi que le légat Romain expliqua l'intervention de Louis VIII [1]. Le pape n'appela le roi de France à
Toulouse, après de longues négociations, qu'à son grand regret
et qu'à la dernière extrémité. Mais Louis VIII, appelé, porta, en
1226, les statuts inquisitoriaux déjà en vigueur dans les provinces d'Arles et de Narbonne, dans les diocèses de Cahors, de Rodez,
d'Agen et d'Albi [2] : et Jacques d'Aragon défendit à ses vassaux,
surtout à ceux de la Septimanie, de favoriser les hérétiques, de
les soutenir ou de les protéger en quelque point que ce fût.

Une mine féconde pour l'historien de l'Inquisition sera ici l'é-
tude de la volumineuse correspondance d'Honorius III et des
quatre premières années du pontificat de Grégoire IX.Nous l'avons
déjà dit. Un seul sentiment inspire toutes ces lettres : le besoin
de la paix et le désir de l'assurer aux catholiques qui formaient
vraiment la part la plus nombreuse et la meilleure du pays. Si
le pontife romain tient à la main le *glaive spirituel, qui brise la
pierre et même le rempart des hérésies* [3], c'est uniquement pour
le bonheur et la tranquillité des peuples : Honorius III espère
que Dieu, touché par la prière ardente des fidèles, apaisera enfin
la tempête [4]. Pour la préparer efficacement, il ordonne que, dans
la Septimanie, chacun jure de l'observer ; la cause de la paix et
celle de la foi se confondent : les hérétiques les compromettent
l'une et l'autre [5]. Roger, comte de Foix, gravement soupçonné de
pactiser avec les néo-dualistes, devra fournir une caution sûre
de son amour de la paix, et Bérenger, abbé de Saint-Tibéri,
recevra cette caution [6]. Il invite l'ordre naissant de Saint Dominique à tout supporter avec constance dans cette lutte pour la paix [7].
Une discussion s'étant élevée entre Simon de Montfort et l'arché-
vêque de Narbonne [8], entre l'élu de Perpignan et l'abbé de Saint-

[1] *Hist. de Languedoc*, éd. Privat, VIII, 817.
[2] Percin, *Monum. conv. Tol. Inquis.*, Pars II, cap. VI.
[3] Honorius III, 25 jul. 1216, ap. Martene, *Thesaurus*, t. I, p. 851.
[4] Ad Burdegal. episc. et suffrag. ejus. Bouquet, t. XIX, p. 611.
[5] Ad Garsiam. Bouquet, t. XIX, p. 613.
[6] Ad Berengarium. Manrique, *Annales*, t. IV, p. 203.
[7] Percin, *Monum. convent. Tolos.*, p. 18.
[8] Bouquet, t. XIX, p. 628.

Michel [1], il supplie qu'on s'entende pour le bien de la paix. Il
adresse aux hérétiques des appels pressants ; il exhorte les
princes à l'humilité, qui est le frein de l'ambition, pour que la
paix règne universellement. La paix ! En ce temps de guerre, tel
est le cri qui s'échappe de son cœur.

Cette politique de pacification fut aussi celle de son successeur, Grégoire IX. Le cardinal Romain de Saint-Ange, nommé
légat en France, reçut la mission spéciale de travailler au grand
œuvre de la paix, et dans ce but de demander au roi la répression,
si elle devenait nécessaire. Tel nous paraît être le sens de la
bulle *Negotium quod agitur*, du 21 mars 1228 [2]. Inspiré par
ce sentiment, Grégoire IX donna à son légat, à peine arrivé en
France, le pouvoir d'accorder au frère du roi, Alphonse, toutes les
dispenses nécessaires pour qu'il épousât Jeanne, fille du comte
de Toulouse : car la paix semblait devoir s'affermir par cette
alliance [3]. Afin de signaler les perturbateurs de la paix, il renouvela l'excommunication contre les Cathares, les Patarins, les
Pauvres de Lyon, les Dualistes [4]. Il rappela en même temps les
sentences précédentes, et il paraît bien que son influence ne fut
pas étrangère à l'ordonnance *Cupientes* de saint Louis : ordonnance d'une immense importance, puisqu'elle régla la question
religieuse, dans les terres gasconnes réunies à la Couronne
royale.

Depuis longtemps, en effet, l'excommunication était mépri-
sée. Tout en reconnaissant qu'elle restait une arme redoutable de
l'Église [5], on ne peut nier que la justice séculière, dans le Midi,
ne tenait plus aucun compte des décisions pontificales : elle igno-
rait le délit d'hérésie. L'ordonnance *Cupientes* plaça donc sous
l'autorité répressive des baillis tous les excommuniés [6]. Ainsi,
à la veille du concile de Toulouse, fut consacrée la participation
du pouvoir séculier à la punition des hérétiques méridionaux.

Ce concile (1229) édicta quarante-cinq canons, dont quinze
tendaient à rendre définitif et régulier le tribunal de l'Inquisi-

[1] La Porte du Theil, *Reg.*, lib. I, Ep. 308.
[2] Potthast, *Regest.*, n° 8150.
[3] Potthast, *Regest.*, n° 8216.
[4] Potthast, *Regest.*, n° 8445.
[5] Raymond VI avait plus d'une fois cherché à prévenir ses coups.
[6] Aug. Molinier, *Hist. de Languedoc*, t. VII, notes, p. 73. — Cf. Boutaric.
Saint Louis et Alfonse de Poitiers, p. 442.

tion. Nous n'analyserons pas ici ce document toulousain : nous reproduirons seulement le récit du méridional Guillaume de Puylaurens. « Le légat, qui était le cardinal Romain de Saint-Ange, dit-il, ordonna une recherche (*inquisitio*) de ceux qui étaient soupçonnés d'hérésie. Guillelm de Solerio, ancien hérétique *revêtu*, fut gracié ; il fut réintégré dans sa bonne renommée, afin qu'il comparût comme témoin contre les hérétiques. La recherche se fit de la manière suivante : tous les évêques présents entendirent chacun *séparément* les témoins, que l'évêque de Toulouse faisait comparaître ; et après avoir reçu leurs dépositions par écrit, ils en remirent les actes à ce prélat, pour les conserver et y recourir en cas de besoin. On appela et on interrogea d'abord ceux qui étaient réputés fidèles et bons catholiques, et ensuite ceux dont la foi était plus suspecte. Mais ceux-ci, se doutant de quelque chose, convinrent ensemble de ne rien révéler qui pût leur porter mutuellement préjudice : c'est ce que l'on découvrit plus tard, et ce qui rendit cette procédure complètement inutile. Quelques-uns, plus prudents, prévinrent les informations et se présentèrent au légat, en s'avouant coupables, en se soumettant à ses décisions, et en implorant sa miséricorde, qu'il leur accorda. Mais ceux qui avaient la tête plus dure, se rendirent indignes de pardon, en ne comparaissant que par contrainte, et pour ainsi dire traînés au tribunal : aussi leur imposa-t-on de rudes pénitences. Enfin, il y en eut d'autres, mais en petit nombre, qui prétendirent avoir recours aux voies de droit, et réclamèrent la communication des noms des témoins qui avaient déposé contre eux, sous prétexte qu'ils pouvaient être leurs ennemis mortels, et que leurs témoignages étaient sujets à réclamations. Ils suivirent le légat jusqu'à Montpellier, en persistant dans leur demande ; mais ce prélat, craignant les poursuites et les entreprises des accusés contre la vie de ceux qu'ils connaîtraient particulièrement pour leurs dénonciateurs, éluda leurs instances, en leur communiquant seulement, en général, la liste de ceux dont on avait reçu le témoignage dans toute la procédure, et en leur demandant s'ils y reconnaissaient des ennemis.... Ils se soumirent enfin à la volonté du légat [1]. »

---

[1] Guil. de Podiolaur, cap. xl. Cf. Muratori, *Rer. Ital.Script.*, t, III, c. 572 ; *Vita Gregorii papæ*, ex mss. B. Guidonis.

IV

Nous arrivons ainsi à la période du plein exercice de l'Inquisition méridionale. Les questions affluent tout d'abord : Comment les canons du concile de Toulouse furent-ils appréciés par Grégoire IX ? Quel accueil reçurent-ils auprès de Raymond VII ? Pourquoi l'Inquisition, épiscopale de 1229 à 1233, fut-elle à cette date confiée aux Dominicains, sans que toutefois le droit des évêques, juges ordinaires, fût méconnu, et que les Franciscains, autre ordre naissant, en fussent exclus ? Un regard jeté au dehors, par exemple à Vérone et à Rome, fournira quelques lumières[1] ; la comparaison montrera les ressemblances et les différences. Il sera particulièrement utile de rechercher les moindres détails des premiers procès, de tous les plus intéressants, non seulement parce qu'ils furent les premiers, mais parce que plus tard les Inquisiteurs aimèrent à se reporter à la procédure et à la pénalité primitives. Les lettres d'Adam de Milly, lieutenant du roi dans la Province, aideront à comprendre comment la question des biens des hérétiques faydits fut résolue par le pouvoir royal, qui sembla considérer ces biens comme vacants[2]. Ce précédent tendit à passer plus tard en règle absolue et engendra de nombreux abus et des conflits. Ce n'est pas tout : l'historien recherchera les raisons pour lesquelles Grégoire IX suspendit pendant trois mois, en 1237, l'exercice de l'Inquisition ; et il aimera, dans ce premier regard, à suivre les Inquisiteurs jusqu'en mai 1242, à Avignonet, où ils furent indignement massacrés. L'Inquisition, d'abord épiscopale, puis dominicaine ; les courses fatigantes des Inquisiteurs à Toulouse, à Carcassonne, à Cordes, à Albi ; les difficultés qu'ils surmontèrent, notamment à Toulouse, où la fondation du couvent de Saint-Romain fut presque douloureuse ; enfin leur massacre à Avignonet : cet ensemble, comprenant un espace de treize ans, formera un groupe compacte de faits émouvants et curieux.

Les actes du concile de Béziers (1234), quelques Bulles de Grégoire IX, publiées par Ripoldi et signalées dans la table som-

[1] Muratori, *Rer. Italic. Scrip.*, t. VII, c. 1026.
[2] *Hist. de Lang.*, éd. Privat, t. VIII, p. 945.

maire de Potthast, les Statuts de l'archevêque de Narbonne [1],les Statuts de Raymond VII l'arrêteront donc successivement. Il nous montrera les Dominicains donnant, en.1234, à l'Inquisition, une unité de direction encore inconnue. Il nous conduira à Narbonne avec le Fr. François Ferrier [2]; à Cordes, à la suite de trois autres inquisiteurs [3], qui ne sont pas nommés, mais qui purent bien être G. Arnaud, François Ferrier et Ar. Catalan. Il nous fera assister à une vente des biens confisqués aux hérétiques [4] ; nous entendrons plusieurs sentences portées par G. Arnaud [5] ; nous prendrons connaissance des sauf-conduits délivrés aux condamnés obligés d'accomplir quelque pénitence dévotieuse [6]. Nous verrons cet inquisiteur agir de concert, non seulement avec les autres frères ses assesseurs, mais encore avec l'archidiacre de Carcassonne, délégué de son évêque, qui l'assiste [7]. Les biographies des Frères, compulsées par B. Gui [8], nous diront ce qu'étaient réellement ces inquisiteurs si souvent dénigrés depuis, et peut-être trouverons-nous qu'ils furent des hommes absolument honorables et des religieux fervents, auxquels la pratique des vertus monastiques attira parfois de graves dangers, comme le raconte la Chronique de Guillem Pelhisso.

Ce récit, le seul de cette nature qui nous reste, reproduit en effet les principaux traits de la vie dominicaine et inquisitoriale à Toulouse, de 1231 à 1237: Bernard Gui, au xɪvᵉ siècle, et Guillaume Catel, au xvɪᵉ siècle, y puisèrent abondamment. Il se recommande par la nature des faits qu'il raconte, par l'époque à laquelle il appartient, et aussi par son auteur.

Toulousain d'origine [9], Guillem Pelhisso fut une des prémices du couvent de cette ville, où il passa trente ans de sa vie, et où il remplit des charges importantes. Il paraît avoir écrit une histoire de l'ordre naissant : malheureusement, nous ne l'avons

---

[1] *Hist. de Languedoc*, éd. Privat, t.VIII, p. 969,1964 et 1966. — Cfr.*Cabinet historique*, t. IX, p. 192-193.

[2] Ménard, *Histoire de Nimes*, t. I, pp. 73-75.—Cfr. *Hist. de Lang.*, édit. Privat, t. VI, p. 685.

[3] Rossignol, *Monographies communales du Tarn*, t. III, p. 10.

[4] *Hist. de Lang.*, éd Privat, t. VIII, p. 974.

[5] *Ibid.*, p.968.

[6] *Cabinet Histor.*, t. IX, p. 168 et 190 ; t. XI, p. 100.

[7] *Hist. de Lang.*,t. VIII, p. 968.

[8] Bibl. de la ville de Toulouse, ms. 273, 1ʳᵉ série.

[9] Bibl. de la ville de Toulouse, ms. 273, 1ʳᵉ série, fᵒ 115 B.

plus. Vers 1233, il fut adjoint à l'inquisiteur Arnaud Cathalan :
il l'accompagna à Albi, où douze habitants de cette ville furent
condamnés aux *croix* et à l'un des *pèlerinages majeurs*. Deux
ans plus tard, il parcourut avec Pierre Cellani et Pons Del·
mont le diocèse de Cahors, où il reçut les aveux d'un grand
nombre d'hérétiques [1]. Il était au couvent de Toulouse, en 1235,
quand les Frères, sur l'ordre des consuls, fort émus, dirent-ils, par
une sorte d'émeute populaire qui se porta chez les Dominicains,
durent quitter la ville. L'inquisiteur Guillaume Arnaud se retira à
Carcassonne. Mais, de cette ville, il ordonna la poursuite des
hérétiques. Le prieur, Pons de Saint-Gilles, confia ce mandat
périlleux à trois frères ; parmi eux, se trouva Guillem Pelhisso :
il dut promptement quitter Toulouse [2].

Pendant les mois de mars, mai, juin, juillet, novembre et décembre 1245, nous le trouvons comme témoin auprès des inquisiteurs Bernard de Caux et Jean de Saint-Pierre, dans les localités
suivantes, appartenant aujourd'hui aux départements de la Haute-
Garonne et de l'Aude : le Mas Saintes-Puelles, Saint-Martin-de-
Landa, Vaisie (?), Montgiscard, Laurac, Auriac, Montesquiv (?),
Gardoch, Lasbordes, Gaïan [3]. Les dépositions des hérétiques
de Saint-Martin-de-Landa, de Gaïan et de Villesèche, aux mois
de janvier, de juin et de juillet 1246, portent de même, parmi
les témoins, le nom de notre chroniqueur [4]. Les frères étaient
réunis en assemblée provinciale à Périgueux, le 6 janvier 1268 [5],
quand on leur annonça que Guillem Pelhisso venait de rendre
son âme à Dieu.

C'est tout ce que nous avons recueilli sur la vie de Guillem
Pelhisso. Il nous importait surtout de savoir qu'il fut honoré de la
confiance de l'ordre, et qu'il fut témoin des faits racontés dans sa
Chronique. Cette Chronique jouit d'un certain crédit. Percin en cita

[1] Biblioth. d'Avignon. *Ancien fond*, ms. 229, f° 12 C.
[2] Biblioth. d'Avignon. Ancien fond, ms. 229, f° 13 A, f° 13 B. — Cf.
Bern. Guidonis, Biblioth. de Toulouse, ms. 273, série 1re, f° 119 A.
[3] Biblioth. de Toulouse, ms. 155, série 1re, f° 1, 2 A, 6 B—8 B, 16 A—17 A,
22 A, 30 B, 31 A, 31 B—34 A, 59 B, 67 A, 73 A—75 A, 79 B, 90 B—91 A, 92 B,
102 A—103 A, 109—110 A, 110 B—111 A, 114 B, 121 B, 122 A, 122 B—123 A,
[4] *Ibid.*, f° 33, 36 B, 41 A, 125 A, 181 A.
[5] Biblioth. de Bordeaux, ms. 780, f° 56 B. — Cf. Quétif et Echard, t. I, p.
246-247 ; — *Histoire littéraire*. t. XIX, p. 101 ; — M. Léop. Delisle, *Notice sur
les Manuscrits de Bernard Gui*, p. 318 ; — M. Ch. Molinier, *De fratre Guillelmo Pelisso*.

quelques passages [1], et Martène en reproduisit la dernière partie [2].
Déjà, au XIIIe siècle, Guillaume de Frachet s'en était inspiré [3] ; et
Bernard Gui, au commencement du XIVe siècle, non content d'en
prendre des extraits [4], l'inséra tout entière dans l'histoire des
couvents de l'ordre. C'est ainsi qu'elle est parvenue jusqu'à nous.
L'exemplaire conservé à la bibliothèque d'Avignon est le seul
qui nous reste : cette copie fut exécutée sous les yeux, ou tout
au moins du temps de Bernard Gui. La Bibliothèque de Carcassonne possède, sous le n° 6449, une autre copie de la Chronique ;
mais elle est récente, fautive, d'une main peu expérimentée.
C'est cette copie que M. Ch. Molinier a éditée cette année ; évidemment il a ignoré l'existence du codex d'Avignon. Nous ne
dirons rien de cette publication, si ce n'est qu'elle n'a pas d'autre
valeur critique que celle du manuscrit de Carcassonne [5].

Ainsi, si nous ne nous méprenons, la Chronique de Guillem
Pelhisso se présente, pendant les premières années de l'Inquisition toulousaine, comme un document considérable autour
duquel les autres sources d'informations prendront facilement
place : ainsi, la bulle de Grégoire IX [6] au comte de Toulouse pour
l'engager à extirper l'hérésie de ses terres, la bulle de ce même
pontife condamnant les hérétiques [7], la vie de Grégoire IX
par B. Gui [8], la vie de Raymond du Fauga, évêque de Toulouse [9],
l'excommunication de l'évêque de Comminges contre Raymond VII [10], la confirmation de cette sentence par Grégoire IX [11],
les sentences de Guillaume Arnaud pendant les années 1235,
1236 et 1237 [12], particulièrement la sentence portée à l'occasion de Pons Grimoard qui s'était présenté spontanément,

---

[1] *Monum Conv., Tol.* ad an. 1235, n°s 25-37.— *Martyr. Avenio.*, c. 11, 7-10.
[2] *Thesaur.*, t. I, col. 985-987.
[3] Bibl. de Toulouse, ms. 191, 1re série, f° 36 C.
[4] Bibl. de Toulouse, ms. 273, 1re série, f°s 10 B, 11 A, 118 B, 119 A.
[5] Nous publions ici même le codex d'Avignon. Il comprend dans le ms.
229 (ancien fond) de la Bibliothèque d'Avignon, les folios 11 A, B, C, D, 12
A, B, C, D, 13 A, B, C, D, 14 A, B, C.
[6] 22 novembre 1234, *Layettes*, n° 2318².
[7] *Layettes*, n° 2241.
[8] Muratori, *Rer. Ital.*, t. III, c. 570.
[9] *Gall. Christ.*, t. XIII, p. 26.
[10] *Hist. de Lang.*, édit. Privat, t. VIII, c. 991.
[11] *Layettes*, n° 2445.
[12] Doat, t. XXI;— *Hist. de Lang.*, éd. Privat, t. VIII, c. 968.

et celle contre quelques relaps [1], la sentence qui frappa Raymond-Arnaud de Villeneuve et le sauf-conduit qui lui fut délivré en vue de l'accomplissement de sa pénitence [2], les diverses procédures des Inquisiteurs dans la Province, en particulier les poursuites exercées contre le comte de Foix encore puissant [3], et à cette occasion, le traité de procédure alors en vigueur, qui nous a été conservé par Martène et Durand [4].

Raymond VII cependant ouvre des négociations avec Rome. Grégoire IX suspend pour trois mois les poursuites et les effets des poursuites précédentes [5]. Il envoie même, dans les contrées toulousaines Jacques, évêque de Palestrina, comme légat ; mais il lui demande de respecter tout ce que l'évêque de Porto et l'archevêque de Vienne, les précédents légats, avaient fait [6]. Les trois mois écoulés, l'Inquisition reprend son œuvre : seulement le Fr. Étienne, franciscain, est adjoint aux Dominicains comme assesseur. Les hérétiques du Comté commencent à demander à l'Italie une hospitalité moins dangereuse, protestant contre tout droit de répression, comme le raconte Grégoire de Florence dans sa curieuse *Dispute entre un catholique et un patarin* [7].

Heureusement, la royauté prête main-forte aux Inquisiteurs. Guillaume des Ormes, dans son rapport à la reine Blanche sur le siège de Carcassonne, où Pierre de Fenoillet, Renaud du Puy, Guillaume Port, et Pierre de la Tour firent des efforts inouïs pour assurer la victoire à l'hérésie, nous montre combien la noblesse s'appuyait encore sur elle [8]. Il est vrai que les seigneurs d'Aniort, toujours puissants, firent leur soumission au roi au mois de novembre suivant [9]. Mais il était sensible alors que l'hérésie, bien qu'affaiblie, ne renonçait à aucune de ses espérances.

---

[1] Reproduite par le *Cabinet historique*, t. XI, p. 100-101.

[2] Doat, t. XXI, f° 172. Reproduite par le *Cabinet historique*, t. IX, p. 167-168.

[3] *Hist. de Lang.*, éd. Privat, t. VIII, c. 1014, c. 1010. Cf. M. de Tourtoulon, *Jacme Ier*, t. II, p. 369.

[4] *Thesaurus*, t. V, col. 1777-1794.

[5] *Hist. de Lang.*, t. VIII, c. 1972.

[6] 13 mai 1238. *Layettes*, n° 2711.

[7] Doat, t. XXXVII. Reproduite par Martène, *Thesaur.*, t. V, col. 1703-1758.

[8] 13 octobre, 1240. *Hist. de Lang.*, éd. Privat, t. VIII, c. 1042.

[9] *Ibid.*, c. 1047-1051.

L'Inquisition devint donc plus redoutable ; il est juste d'ajouter qu'elle sembla se mettre en accord avec l'opinion publique. Ainsi Guillaume Arnaud dut fournir à Montalina, épouse de Raymond de Capdenac, une attestation de comparution en sa présence, afin qu'elle ne fût plus inquiétée [1]. De même, le 12 mars 1241, le comte de Foix confessa spontanément devant les Inquisiteurs ses erreurs passées [2]. Il est si vrai que les néo-dualistes furent considérés de plus en plus comme des ennemis irréconciliables, que Raymond VII et Jacme d'Aragon ne crurent réellement travailler à l'intérêt général que par un traité d'alliance offensif et défensif contre eux [3].

Vers cette époque, nous assistons à une sentence de démolition d'une maison ayant appartenu à un faydit [4]. C'est la première et peut-être la seule sentence de ce genre. Parmi les pénitences le plus souvent infligées alors, sont les pèlerinages, compris sous la double désignation de pèlerinages majeurs et de pèlerinages mineurs. La pénitence remplie, une attestation en est exactement délivrée. Une de ces pièces, publiée par M. Dulaurier, présente de l'intérêt [5]; elle est de 1242.

1242 ! C'est l'année où les Inquisiteurs furent massacrés à Avignonet. Mais avant de parler de l'indigne complot de P. d'Alfaro, signalons six pièces importantes : l'une est du 14 mars 1242 : c'est l'absolution du comte de Toulouse [6]; l'autre est datée du 15 avril : le comte de Foix revenant sur ses résolutions précédentes, conseille au comte de Toulouse une levée de boucliers contre saint Louis [7]; la troisième, qui suit celle-ci de quelques jours (26 avril), accuse une assez vive irritation dans les rangs néo-dualistes contre les Inquisiteurs. Raymond VII interjette appel de leurs sentences auprès de Grégoire IX [8]. Cependant, comme il redoute qu'on ne l'accuse de manquer à ses promesses, il prie en même temps l'évêque d'Agen d'exercer l'office d'Inquisiteur,

---

[1] Doat, t. XXI, f° 172. Reproduite dans le *Cabinet historique*, t. IX, p. 319-320.

[2] *Hist. de Languedoc*, éd. Privat, t. VIII.

[3] 18 avril 1241. *Hist. de Lang.*, éd. Privat, t. VIII, c. 1055.

[4] *Cabinet histor.*, t. XI, p. 163.

[5] *Ibid.*, t. IX, p. 322. Cf. pp. 162-166.

[6] *Hist. de Lang.*, éd. Privat, t. VIII, c. 1084.

[7] *Hist. de Lang.*, éd. Privat, t. VIII, c. 1087.

[8] *Hist. de Lang.*, éd. Privat, t. VIII, c. 1080.

en vertu de ses pouvoirs de juge ordinaire [1] : c'est le quatrième document. Raymond VII proteste toujours de son ferme désir de poursuivre les hérétiques par toutes les voies canoniques [2]. La dernière pièce est du 6 juin (1242). Mais à cette date les Inquisiteurs avaient été massacrés. Ce furent donc les Fr. Ferrier et G. Raymond, inquisiteurs nouveaux pour les diocèses de Narbonne, de Carcassonne, de Perpignan, d'Albi et de Rodez, qui prononcèrent la sentence d'excommunication contre Raymond VII, pour sa négligence à chasser les hérétiques du Toulousain, d'Avignonet en particulier. Quelques jours plus tard (21 juillet 1242), l'archevêque de Narbonne excommuniait de même Raymond VII, responsable des tristes événements du 29 mai précédent [3]. Le comte en fut vivement ému : on le conçoit sans peine. Enfin, il s'engagea, de nouveau, à chasser de ses terres les perturbateurs de la paix [4]; s'il ne l'eût fait, on l'eût cru coupable du massacre des Inquisiteurs, qui avait si péniblement impressionné le pays tout entier.

Ce massacre fut un des plus douloureux scandales de cette époque. Sponde et l'auteur de la *Gallia Christiana*, mentionnant les faits d'Avignonet, s'appuyèrent sur trois autorités : Guillaume de Puy-Laurens, Catel et Wadding [5]. Catel [6], à son tour, avait consulté un récit ancien, que nous avons encore [7], où B. Gui, sous le titre général : *Patres passi pro fide Domini Jesu Christi*, avait raconté la mort de G. Arnaud et de ses compagnons : il avait même cité le principal passage de ce récit [8]. Henschenius suivit Catel ; il consulta aussi Étienne Salanhac et Thomas Malvenda [9], qui ne lui fournirent aucun fait nouveau. Percin reproduisit ces sources diverses ; il connut aussi B. Gui, puisqu'il dit, après avoir cité Étienne Salanhac, que B. Gui écrivit dans les mêmes termes [10]. Il semble donc qu'il faut nous référer ici au récit de B. Gui, comme au plus ancien. Nous possédons bien un document qui

[1] *Hist. de Lang.*, c. 1981.
[2] *Ibid.*, c. 1088.
[3] *Ibid.*, t. VIII, c. 1090. Cf. c. 1143.
[4] *Layettes*, n° 3012.
[5] *Annal. Minor.*, ann. 1242.
[6] *Hist. des Comtes de Tolose*, Liv. II, ch. VII.
[7] Biblioth. de Toulouse, 1re série, ms. 273, f° 11 A.
[8] Liv. II, ch. VII.
[9] *Act. Sanct.*, 29 maii.
[10] *Martyr. Avignon.*, cap. IV.

nous vient de Guillaume de Frachet, antérieur à B. Gui, second
prieur du couvent de Limoges, auteur du *De vitis fratrum* [1].
Mais il n'ajoute aucune circonstance nouvelle à tout ce que
B. Gui avait déjà raconté : peut-être que celui-ci se contenta
de le reproduire.

Deux ans après l'événement, une enquête fut faite : D. Vaissete
en a publié le premier le texte [2]. Plus tard, le pape Paul III rendit
une bulle sur le culte dont les Inquisiteurs furent honorés : le
texte original est conservé à Avignonet. Catel a reproduit les
inscriptions gravées sur les tombes des martyrs ensevelis, les
Dominicains dans leur couvent de Toulouse, les Franciscains
dans l'église des Cordeliers, et les deux prêtres séculiers dans
le cloître de Saint-Etienne [3]. L'ensemble des renseignements
relatifs à cette affaire fut résumé dans les *Pièces concernant un
projet de canonisation des Inquisiteurs tués à Avignonet en 1242* [4].
Les enquêtes faites ces années dernières sur le culte rendu par
les Avignonétains aux Inquisiteurs, fermeront cette liste de documents, et aussi ce groupe compacte de faits, compris entre le
concile de Toulouse, la mort de Grégoire IX (août 1241) et le
massacre des Inquisiteurs (mai 1242).

V

Les vingt-cinq années qui suivirent présentent un groupe de
faits plus intéressants encore. Ils offrent un double caractère : si
d'abord les sessions du tribunal deviennent plus régulières et
les *sermons* plus fréquents, on ne tarde pas à constater ensuite
qu'à mesure que le pouvoir royal se fortifie et que l'hérésie
perd de son influence, le tribunal adoucit la pénalité.

Les documents ici sont nombreux, et importants par l'étendue
et la portée des détails dont ils nous instruisent.

Signalons, sans nous y arrêter, les procédures du 24 février

---

[1] Biblioth. de Toulouse, ms. 191, 1re série, f° 36 C, f° 36 D.
[2] *Hist. de Lang.*, éd. Privat, t. VIII, c. 1151.
[3] *Hist. des Comtes de Tolose*, liv. II, cap. VII.
[4] Archives de la Haute-Garonne. Cf. Le décret de la Congrég. des Rites,
autorisant le culte. *Analect. juris pontif.*, 9e série, p. 389. — *Histoire des martyrs d'Avignonet*, par Carrière. Toulouse, 1866. — *Histoire authentique des
inquisiteurs tués à Avignonet*, en 1242, par M. Desazars. Toulouse, 1869.

1244, riches de renseignements sur Raymond VI, Guillabert de
Castrés, Isarn de Fanjeaux et quelques autres personnages in-
fluents, qui, vingt-six ans auparavant, avaient si imprudemment
attisé le feu de la guerre et de l'hérésie [1]. Nous mentionnerons
tout de suite les tomes XXII, XXIV et XXV, encore inédits, de la
collection Doat : ils contiennent un grand nombre de pièces
relatives au château de Montségur, devenu le dernier refuge et
la dernière forteresse de l'hérésie. On y trouvera de nombreux
interrogatoires et, dans les réponses, des détails parfois topi-
ques concernant les doctrines et les mœurs des néo-dualistes.
Ajoutons, pour ne pas quitter la collection Doat, que les tomes
XXIII et XXVI embrassent un bon nombre de dépositions, em-
pruntées aux anciennes archives de l'Inquisition de Carcassonne,
et comprises entre les années extrêmes 1244 et 1290 ; les plus
nombreuses sont des premières années [2].

Quand on recherche les documents de ces vingt-cinq ans d'Inquisition, on ne saurait passer sous silence le *Regesta* d'Innocent IV. Grégoire IX était mort le 22 août 1241. Célestin IV, son
successeur, n'avait occupé le pontificat que quelques jours.
Après une vacance de vingt mois et dix jours, le cardinal Sini-
bald de Flisco avait été élu, et avait pris le nom d'Innocent IV.
A peine monté sur le trône pontifical, il annula l'excommunication portée par les Inquisiteurs et par l'archevêque de Narbonne
contre Raymond VII [3]. C'est peut-être sous l'impression de la
lettre d'Innocent IV, que celui-ci crut devoir prier les évêques
de Toulouse, d'Agen, de Cahors, d'Albi et de Rodez, de faire
l'Inquisition par eux-mêmes ou bien par le ministère des Mineurs et des Prêcheurs, et qu'il renouvela ses engagements de
punir les coupables selon la sanction des lois [4]. Toujours est-il
que les consuls, chevaliers, bourgeois et habitants de Rabastens
promirent à leur tour d'observer et de faire observer le traité de
Paris [5] ; on n'a pas oublié que la poursuite des hérétiques avait
inspiré ce traité dans plusieurs de ses dispositions.

La poursuite reprit donc avec une nouvelle activité. Deux

---

[1] *Hist. de Lang.*, éd. Privat, t. VIII, col. 1147-1151 et 1151-1159.
[2] M. P. Meyer a cité une sentence du 30 août 1244. Doat, t. XXI, p. 313. *Le
Débat d'Izarn et de Sicard Figueiras*, p. 51, n. 2.
[3] *Hist. de Lang.*, t. VIII, c. 1142.
[4] *Hist. de Lang.*, t. VIII, c. 1121-1122.
Rossignol, *Monographies*. Tom. IV, pp. 132-134.

documents nous mettent sous les yeux les règles de la procédure inquisitoriale alors suivies : l'un émana des évêques réunis à Narbonne, l'autre du Saint-Siège lui-même.

Les circonstances qui amenèrent les évêques à Narbonne sont connues. Tout à l'heure nous faisions allusion au conflit survenu entre les Dominicains et Raymond VII. Le 18 avril 1243, le comte avait déclaré, à Béziers, en présence des évêques, que les frères Vincent Ferrier [1] et Guillaume Raymond l'avaient excommunié, nonobstant son appel à Rome. Comme le Saint-Siège était alors vacant, et comme d'ailleurs il ne voulait pas entraver l'œuvre de l'Inquisition, il s'en était remis à l'arbitrage des deux archevêques de Narbonne et d'Arles, tout en désirant que les pouvoirs de juges ne fussent plus attribués aux Prêcheurs. Depuis, Innocent IV avait été élu, et de plus, par son décret du 10 juillet 1243, il avait rendu aux Prêcheurs leurs pouvoirs anciens : et sa reconnaissance pour le premier témoignage de bienveillance du pape qui avait levé la sentence d'excommunication, s'était depuis beaucoup affaiblie.

Le comte se montrait donc mécontent. Les évêques, pour le rassurer et l'apaiser, se réunirent à Narbonne, et en vingt-neuf canons réglèrent la procédure [2].

Fut-il du moins alors satisfait ? Nous ne savons. Mais beaucoup de nos contemporains estimeront peut-être excessive cette procédure d'un autre temps. Pour nous, nous retiendrons seulement que les hérétiques, à la date du concile de Narbonne, étaient en grand nombre, et que le synode «n'entendit pas obliger les inquisiteurs, mais seulement les soutenir et leur donner des conseils conformément aux ordres du pape. »

Quels étaient ces ordres ? Teulet, le premier, a publié la pièce qui les porta aux Inquisiteurs [3]. Le pape distingua trois situations faites aux hérétiques, selon la gravité des cas. Les uns, en effet, étaient des *hérétiques manifestes*, et ne pouvaient être

---

[1] M. P. Meyer a recueilli quelques témoignages sur cet inquisiteur. *Chanson de la Croisade*, v. 222. Cf. Ménard, *Hist. de Nîmes*, t. II, 305, et pr. 73. *Layettes*, n° 2456, n° 2976². Cf. le témoignage de B. Gui. Biblioth. de Toulouse, ms. 273, 1re série, f° 156 A, f° 259 A. — Biblioth. de Clermont-Ferrand, ms. 136a, 2e partie, f° 6 A.

[2] Mansi, t. XXIII, p. 353. Cf. Héfélé, *Hist. des Conciles*, trad. Delarc, t. VIII, p. 349.

[3] *Layettes*, n° 3314, 21 avril 1245.

traités qu'avec une extrême prudence ; les autres n'étaient point *hérétiques manifestes*, et, après sentence, pouvaient être soumis à subir divers châtiments, comme l'*immuration, la croix*, la confiscation des biens, les pèlerinages lointains : le prochain concile y pourvoirait. Les derniers enfin n'avaient mérité que des peines *mineures :* pour ceux-là, les Inquisiteurs pouvaient en connaître.

Le concile de Lyon, ouvert deux mois après cette bulle restrictive des pouvoirs des Inquisiteurs, ne traita pas la question des Albigeois. La lutte engagée entre le Saint-Siège et Frédéric II occupa toutes les pensées.

Mais les documents ne manquent pas pour apprécier comment, dans la pratique, les règles de l'Inquisition étaient appliquées. C'est d'abord *Le débat d'Izarn et de Sicart de Figueiras* [1]. Ce poème contient une part de vérité historique : M. P. Meyer a reconnu son importance pour l'histoire des doctrines cathares. Il y a plus : il intéresse aussi l'historien de l'Inquisition [2].

Les deux interlocuteurs, dans ce débat, sont Sicart de Figueiras, évêque hérétique, qui s'est spontanément livré à l'Inquisition, et l'inquisiteur Isarn, qui a vivement à cœur de le ramener à la foi et de le soustraire ainsi au bûcher qui s'apprête. Nous ne suivrons pas Isarn dans les arguments qu'il développe pour convaincre l'hérétique. Nous relèverons seulement le passage suivant : « Tous les péchés du monde, dit-il, que l'on peut dire ou faire par bouche ou par main, doivent céder le pas au fait d'hérésie, à bien juger. C'est pourquoi les Prêcheurs n'ont pas de cesse, le savant Huc Arnaut non plus ne s'y est pas épargné, et c'est pourquoi les hérétiques pleins de fausseté lui ont coupé la tête [3]. Frère Bernard de Caux a marché sur ses traces. Quiconque veut ne pas aller au delà du droit, devrait les imiter. Ils (les Prêcheurs) ont décidé entre eux que tout homme qui voudrait se confesser, revenir à la foi, se réconcilier, ils le garantiront contre le bûcher et l'emprisonnement, sans qu'il ait à redouter

---

[1] Publié par M. P. Meyer, mais que Ch. Molinier pourtant n'a pas cité.

[2] *Annuaire-Bulletin de la Société de l'histoire de France*, année 1879. M. P. Meyer a résumé brièvement ce petit poème (p. 1-3). Il est difficile d'accepter tous les jugements qu'il insinue plutôt qu'il ne les formule. Pourquoi guillemeter les paroles attribuées à Sicart et qui ne sont qu'un résumé de sa réponse ?

[3] Allusion au massacre d'Avignonet.

aucune preuve qu'on pourrait alléguer contre lui, et ils lui impo-
seront une pénitence facile à supporter, sans confiscation des
biens. Ainsi les traitent-ils, à condition de les trouver dans la
vérité. Et si l'on voulait dire d'eux qu'ils se comportent mal,
qu'ils risquent leurs âmes pour celles des autres, (je dirais) que
le seigneur pape, qui les maintient à leur poste, et qui jamais,
pour aucun espace de temps, n'a voulu les remplacer, ne les y
laisserait pas s'il les voyait se mal-comporter dans l'œuvre du
Christ ; il les ferait remplacer par d'autres [1]. » Sicart de Figueiras, vaincu par les raisons qu'Isarn fait valoir, veut bien rentrer
dans l'Église, mais à la condition qu'on lui en sache gré, qu'il
soit reçu comme un homme honoré, car il aurait pu être chevalier. Cette promesse lui est faite ; aussitôt il s'engage à « chasser les hérétiques, les croyants, les trompeurs. » Et Isarn de
repondre : « Béni sois-tu, Sicard : que ce Dieu droiturier qui a
« créé le ciel et la terre te donne d'être au nombre de ces ou-
« vriers loyaux que Dieu mit en la vigne, donnant aux derniers
« venus, lorsqu'il les eut loués, autant qu'aux premiers arrivés. »

Ce poème fournit donc un témoignage du juste tempérament
que la charité donnait à l'Inquisition. Au reste, il n'est pas le
seul document d'une étendue considérable qui nous montre
dans le vif la pratique de l'Inquisition au temps d'Innocent
IV. Les *Enquêtes de Bernard de Caux et de Jean de Saint-
Pierre* (1245-1246) [2], et les *Sentences de Bernard de Caux et de
Jean de Saint Pierre* (1246-1248) [3], les deux inquisiteurs nommés dans le *Débat*, ne cèdent en rien au *Débat*. Bien au contraire.
Nous ne nous attarderons pas cependant dans l'analyse circons-
tanciée de ces deux importants manuscrits : nous serions en-
traînés au delà des limites d'un article de revue [4].

Le volume des *Enquêtes* [5], comprend 254 feuillets numérotés,
et 8 feuillets non numérotés. Il est classé sous le n° 155 des
manuscrits de la bibliothèque de la ville de Toulouse (1re série) ;
il porte trois titres [6]. Les annotations nombreuses placées à la

[1] V, 320-341. Les dominicains avaient demandé, après le massacre
d'Avignonet, à être relevés de leurs fonctions.
[2] Biblioth. de Toulouse, ms. 155, 1re série.
[3] Biblioth. Nationale, ms. latin 9992.
[4] Cf. M. Ch. Molinier, *op. cit.*, pp. 163-195 et 55-77.
[5] 290mm en hauteur, 230mm en largeur.
[6] I. « Hic sunt duo volumina confessionum, de libris fratris Bernardi de

marge sont du XIIIe, du XVIIe, et du XVIIIe siècle, et fournissent
quelques remarques piquantes. La plupart des *Enquêtes* ont
été faites par Bernard de Caux, assisté le plus souvent de Jean
de Saint-Pierre [1]. En l'absence du premier, celui-ci en a dirigé
quelques-unes en son propre nom. Deux assesseurs figurent
dans ces interrogatoires : Raimond Resplandi et maître G.,
que M. Ch. Molinier présume être Étienne de Gatine. Les
deux années 1245 et 1246 sont celles auxquelles se rapporte
le plus grand nombre de ces interrogatoires ; quelques-uns sont
des années 1247, 1251, 1253 et 1255. Des témoins, cinq ou six
ordinairement, les premiers venus, mais le plus souvent de la
localité visitée, assistent à ces interrogatoires. Parmi eux, il y a
quelques curés ; certains noms reviennent plus souvent; nous
avons remarqué celui de Guilhem Pelhisso. Des notaires en titre
recueillent les dépositions, et apposent toujours leur signature.

Il est difficile de déterminer avec une entière certitude le lieu
où les interrogatoires se faisaient. En 1237, le légat, archevêque
de Vienne, avait, sur les plaintes des intéressés, obligé les Inquisiteurs, qui jusque-là convoquaient à Carcassonne ou à
Toulouse, à se déplacer eux mêmes [2]. Il semblait plus naturel
que les interrogatoires se fissent dans chaque localité, et que les
prévenus ne comparussent à Toulouse que dans des cas assez
rares, comme par exemple pour compléter un aveu ou le confir-
mer par acte notarié. Mais, après les événements d'Avignonet, les
Inquisiteurs, devançant la permission qui leur en fut accordée
par la bulle d'Innocent IV, le 9 novembre 1248 [3], semblent n'a-
voir fait les interrogatoires que dans des lieux sûrs.

Caucio transcripta, scilicet de Lauragesio et de multis aliis locis dyocesis
Tholosane, per fratres Guillelmum Bernardi et Reginaldum de Carnoto
inquisitores.

II. « Confessiones de V° libro Lauragesii fratris Bernardi de Caucio, trans-
cripte in hoc libro usque ad CLXXII folium; item a dicto folio et deinceps de
quarto libro dicti fratris Bernardi.

III. « Confessiones anni 1245 et 1246 coram fratre Bernardo de Caucio
inquisitore.

[1] Sur ce frère, Percin, *Inquis.*, p. 109 ; — B. Gui, bibl. de Toul. ms.
273, 1re série, f° 146 A ; — *Biographie toulousaine*, pp. 373-376 ; — *Cartulaire du Bourg*, arch. municip. de Toulouse, n° 146 ; — *Layettes*, n° 856
et 1472.

[2] Percin, *Monum. conv. Tolos.*, p. 51 ; — *Hist. de Lang.* ed. primit., t. III,
p. 410, 411.

[3] Doat, t. XXXI, f°s 112, 113; n'est pas citée par Potthast.

Quoi qu'il en soit, les *Enquêtes* comprennent cent six localités, réparties aujourd'hui dans les quatre départements de l'Aude, de la Haute-Garonne, du Tarn et du Tarn-et-Garonne. M. Ch. Molinier, qui avoue ne pas avoir « fait encore pour cela un dépouillement assez complet du manuscrit [1], » croit cependant « pouvoir conclure à un chiffre total de personnes interrogées véritablement énorme, qui ne serait guère inférieur à huit ou dix mille. » Disons tout de suite, sans qu'on nous demande d'en fournir la preuve détaillée, car ce n'est pas ici le lieu, que les enquêtes s'élèvent au chiffre de 5,804 ; que dans la plupart une seule personne est interrogée, et que les mêmes personnes comparaissent à plusieurs reprises, notamment dans les cas fréquents des relaps. D'ailleurs, le nombre des interrogés ne représente nullement le nombre des condamnés, ni même des accusés.

Les *Sentences* ne méritent pas moins que les *Enquêtes* l'attention de l'historien. Le manuscrit qui les reproduit [2] compte à la vérité quinze folios seulement ; nous n'avons là qu'un fragment d'un registre remontant au xiii* siècle. Mais, tel qu'il est, il n'en garde pas moins une sérieuse importance : les *Sentences* sont en assez grand nombre pour qu'on puisse se faire une idée exacte de la manière dont elles étaient ordinairement portées par l'Inquisition. L'abbé Magi [3] et le chevalier Du Mège [4] les connurent. Elles comprennent une durée de deux ans et trois mois, du 18 mars 1246 au 14 juin 1248.

Les *Sentences* des Inquisiteurs, comme du reste la justice l'a pratiqué de tout temps, étaient entourées d'une certaine solennité. Elles étaient prononcées dans des assemblées nombreuses, formées des dignitaires ecclésiastiques, des officiers de Raymond VII et du peuple. D'après notre manuscrit, l'église Saint-Sernin et ses attenances, le cloître et le monastère, furent le plus souvent le théâtre du prononcé des sentences. Dans une même assemblée, elles s'élevèrent jusqu'au nombre de trente-cinq [5]. Une fois les Inquisiteurs convoquèrent l'assemblée au cloître de Saint-Étienne [6] ; une autre fois à l'Hôtel de ville [7] : à

---

[1] *Op. cit.*, p. 190.
[2] Bibl. nation. ms. lat. 9992, in-f', hauteur 325mm., largeur, 223mm.
[3] *Mémoires de l'Académie des sciences de Toulouse*, t. IV.
[4] *Hist. de Lang.*, éd. Du Mège, t. VI.
[5] 25 mars 1246.
[6] 28 mai 1248.
[7] 6 juillet 1246.

deux reprises, ils prononcèrent leur sentence en dehors de Toulouse, à Escalquens [1] et à Cahors [2]. La formule des *Sentences* ne
variait point. Des personnages, plus ou moins importants, selon
les circonstances et la qualité des prévenus, étaient convoqués
comme *témoins;* à côté d'eux se plaçaient les notaires inquisitoriaux. Quelques-uns des témoins appartenaient à l'ordre ecclésiastique, par exemple les évêques de Toulouse et d'Agen,
le prieur des dominicains de Toulouse, l'official, les prieurs de
la Daurade, de Saint-Sernin, de Saint-Pierre-des-Cuisines.
D'autres étaient laïques, officiers du comte ou magistrats muni-
cipaux.

Les peines mentionnées par ces *Sentences* sont de deux
sortes : la prison et la confiscation des biens ; les croix, les
amendes se présentent rarement. La prison punit un double
délit, ou celui d'avoir partagé les croyances hérétiques, ou celui
d'avoir fréquenté ou soutenu des excommuniés : c'est le plus
souvent la prison perpétuelle, quelquefois la prison à temps.
La confiscation des biens est réservée aux contumaces.

Quelques pièces isolées et éparses dans plusieurs ouvrages
compléteront ces informations des *Sentences.* Ainsi, le 14 juin 1245,
les évêques de Carcassonne, de Perpignan, de Toulouse, d'Uzès,
de Lodève, de Nîmes et d'Agde, l'élu de Béziers, les prieurs de
Saint-Aphrodise, de Saint-Jacques [3], et de Quarante [4], adressèrent
à Innocent IV une lettre collective, pour se plaindre de la super-
cherie de quelques prévenus, qui, pour échapper aux Inquisiteurs,
interjetaient appel à Rome. Ils racontaient ensuite les travaux
des Inquisiteurs, en butte à toute sorte de calomnies, dépréciés
à Rome même; ils louaient la *maturité*, la *sagesse* et la *modération* de leurs sentences; ils suppliaient le pape d'assurer, par sa
fermeté à les soutenir, les résultats déjà acquis [5].

L'année suivante [6], saint Louis ordonna que deux prisons,
l'une à Carcassonne et l'autre à Béziers, fussent bâties par les
soins du sénéchal, et consacrées à la détention des hérétiques,
auxquels on devait donner, chaque jour, le pain et l'eau comme

---

[1] 4 novembre 1247.
[2] 26 août 1244.
[3] A Béziers.
[4] Dans le canton de Capestang (Hérault).
[5] *Hist. de Lang.*, édit Privat, t. VIII, col. 1173-1175.
[6] Juillet 1246.

il convient, *ut decet*. Le sénéchal fut invité aussi à prendre sur les biens hérétiques venus au trésor dix sols par jour, pour chacun des Inquisiteurs, afin de les couvrir des frais de déplacement ou autres. Le roi ordonna enfin que les dots fussent rendues aux femmes dont les maris, dûment condamnés, avaient été dépouillés de tout bien [1], comme si l'amour de la justice l'inspirait seul. Mais la vertu du grand roi apparaît surtout dans la manière dont il reçut les plaintes d'exactions qui commencèrent à se manifester alors. Nous ferons observer de suite que Sicard de Podio Tericho et Guillaume Sicard, les premiers plaignants, n'accusèrent que les officiers royaux [2], comme au reste plus tard Niger de Redorta [3], les habitants d'Aiguesvives [4], Adalaïs [5] et Raimond de Cabaret [6]. L'abus fut réel : mais les Inquisiteurs, les premiers, se préoccupèrent de le faire cesser.

Nous signalerons rapidement les deux sentences qui condamnèrent à la prison perpétuelle Alaman de Roaix [7] et Guillaume Valette de Saint Félix, hérétique, ami zélé des hérétiques [8]. On comprendra que nous accordions une attention plus grande aux quelques bulles d'Innocent IV, qui, avec celles déjà citées, furent comme les lettres de créance de l'Inquisition. Le 2 décembre 1247, ce pape adressa à l'évêque d'Albi un bref, où nous trouvons des résolutions énergiques, à côté de mesures de douceur et d'aménité ; il présente toute la pensée du Saint-Siège sur l'Inquisition. Les hérétiques condamnés à la prison pourront être libérés, s'ils fournissent des preuves de repentir et s'ils rendent service à la foi, en attaquant, en poursuivant, en accusant et en arrêtant les hérétiques. Si par hasard les preuves de repentir n'étaient qu'une feinte intéressée, les coupables devaient alors être remis en prison, sans nouveau jugement et sans espoir de

---

[1] *Hist. de Lang.*, éd. Privat, t. VIII, c. 1206.
[2] *Layettes*, n° 3627⁵ et n° 3627⁶.
[3] *Layettes*, n° 3627¹.
[4] *Layettes*, n° 3627³.
[5] *Layettes*, n° 3627⁴.
[6] *Layettes*, n° 3627.
[7] Biblioth. de Toulouse, ms. 155, 1re série. — Cf. Du Mège, *Hist. de Lang.*, t. VI, *addit.* du livre XXV, pp. 9-10. — *Cabinet historique*, t. XI, p. 9.
[8] *Cabinet historique*, t. XII, p. 203.

pardon [1]. Huit jours après (9 décembre 1247), le pape autorisait l'archevêque d'Auch à commuer la peine des hérétiques de son diocèse condamnés à la prison ou à la croix *ad tempus :* ils auraient pleinement satisfait, s'ils consentaient à porter personnellement du secours à la Terre Sainte [2]. Beaucoup sans doute furent heureux d'une telle commutation de peine, dans un siècle où se battre était une joie, bien plus un honneur. Au reste, il arrivait plus fréquemment qu'on ne pense, que les hérétiques condamnés recevaient le pardon de leur peine. Ces cas ne pouvaient pas être signalés dans les registres qui nous restent ; mais le ton général des lettres pontificales permet de le supposer avec raison. Il faut lire à ce sujet ce qu'Innocent IV disait à l'archevêque de Narbonne, le 22 juillet 1248. Il s'étonnait d'abord de ce qu'il avait appris que les fils de Bélial s'étaient transportés dans la maison où le notaire de l'Inquisition avait déposé les registres, et qu'ils les avaient brûlés. Puis il lui demandait de faire recherche des coupables ; et puisqu'ils avaient porté jusque-là leur folie, de les condamner sans espoir de grâce [3].

Ces derniers mots permettent de penser que si l'espoir de grâce leur était laissé en tout autre cas, il n'était pas toujours vain.

Cette irruption dans les archives inquisitoriales et les feintes d'un grand nombre avaient vivement ému Innocent IV. Cependant, trois mois après, il donnait à l'évêque d'Agen le pouvoir, déjà accordé à l'archevêque d'Auch, de commuer les peines de la prison et de la croix *ad tempus*. Il étendait même le bénéfice d'une telle faveur à ceux qui avaient été condamnés à la prison ou à la croix à perpétuité [4].

L'indulgence fut grande, au point que, quelques hérétiques obtenant l'impunité, Raymond VII s'en plaignit vivement : il l'appela de la négligence [5], et dit que cette facilité de l'Inquisition avait amené sur les terres toulousaines les hérétiques des autres pays, qui y recrutaient des partisans [6]. Il n'est pas douteux, en effet, que les relations ne fussent très fréquentes entre les dualistes du Midi de la France et ceux du Nord de l'Italie. Le pape

[1] *Hist. de Lang.*, éd. Privat, t. VIII, c. 1238.
[2] *Layettes*, n° 3625.
[3] *Hist. de Lang.*, éd. Privat, t. VIII, c. 1239.
[4] *Hist. de Lang.*, éd. Privat, t. VIII, c. 1240.
[5] « Condemnatio sit neglecta. »
[6] *Hist. de Lang.*, éd. Privat, t. VIII, c. 1241.

voulut donc que l'évêque ô'Agen se mît à l'œuvre sans faiblesse et sans retard [1]. Mais il ne semble pas qu'il renonçât du coup à toute pensée de ménagement ou même d'indulgence. Il fallait bien donner une satisfaction à Raymond VII, qui avait poussé le zèle jusqu'à aller en personne le trouver à Lyon [2].

Ainsi, que nos contemporains lisent ces lettres si instructives : peut-être seront-ils étonnés de trouver des intentions miséricor-dieuses, là où ils ne cherchaient que des faits d'une pénalité inexorable.

Le testament de Raymond VII [3] ne fournit point d'indica-tion qui nous intéresse, et ainsi nous arrivons à l'œuvre de Rai-nier Sacchoni : *Summa de Catharis et Leonistis* [4], qui est de 1250.

Cette *Somme* est due à la plume d'un homme qui, pendant dix-sept ans, avait partagé l'erreur néo-dualiste. Elle jouit d'une in-contestable autorité pour la connaissance de la secte elle-même, de ses doctrines et de son organisation. A sa manière, elle justifie les poursuites inquisitoriales. Elle ne nous transporte pas seule-ment en Lombardie, mais encore en Albanie ; non seulement en Toscane, mais aussi à Constantinople, en Roumanie, en Grèce, en Provence, à Toulouse, à Carcassonne, à Albi. Par elle, on constate l'universalité de l'hérésie, et une propagande particulièrement active en Lombardie et dans le pays gascon. Rien que de naturel qu'elle soit combattue dans ces deux contrées plus que partout ailleurs. La page de cette *Somme* qui nous intéresse le plus ici est celle où Rainier Sacchoni nous donne le nombre des hérétiques répandus dans leurs seize églises [5]. Pour les églises de Toulouse, Carcassonne et Albi, il parle de deux cents ; et pour l'ensemble de ces seize églises, de quatre mille hérétiques, comme résultat de plusieurs recensements [6]. Eut-il l'intention de comprendre dans

[1] *Hist. de Lang.*, éd. Privat, t. VIII, c. 1241.-Cf. *Layettes*, n° 3649.

[2] *Layettes*, n° 3651.

[3] 23 septembre 1249. *Hist. de Lang.*, éd. Privat, t. VIII, c. 1255.

[4] Doat, t. XXXVII. Cf. Biblioth. Nation. f. latin, n° 14983, in-8°, 62 pages, copie. — Martène, *Thesaurus*, t. V, col. 1759-1776 ; — D'Argentré, *Collectio judiciorum de novis erroribus*, t. I, pp. 47, 48 et 84.

[5] C'étaient : Ecclesia Albanensium vel de Donnezacho, Ecclesia de Conco-rezo, Ecclesia Bajolensium, Ecclesia Vincentina, Ecclesia Florentina, Ecclesia de Valle Spoletana, Ecclesia Franciæ, Ecclesia Tolosanæ, Ecclesia Carcassonensis, Ecclesia Albigensis, Ecclesia Sclavoniæ, Ecclesia Latinorum de Constantinopoli, Ecclesia Græcorum ibidem, Ecclesia Phila-delphiæ in Romania, Ecclesia Burgaliæ, Ecclesia Dugunthinæ.

[6] Martène, *Thesaurus*, t. V. col. 1767-1768.

ces chiffres les hérétiques en bloc, sans distinction de rang et de condition, ou bien une classe seulement, comme celle des *parfaits*, par exemple ? Il ne le dit pas. Mais quelque hypothèse que l'on admette, elle semble contredire quelque peu ce chiffre énorme de condamnés dont M. Ch. Molinier nous entretenait à propos des *Enquêtes* de B. de Caux.

Comme pour faire suite à la *Somme* de Rainier Sacchoni, Martène et Durand insérèrent, immédiatement après la *Summa*, l'opuscule qui porte le titre de *Doctrina de modo procedendi contra hæreticos* [1]; ils crurent avec raison pouvoir l'appeler le *Directoire des Inquisiteurs*. Un manuscrit de la bibliothèque du couvent des Dominicains de Rouen leur en fournit le texte [2]. Mais ils n'en connurent point l'auteur; il n'était point certainement postérieur à l'année 1277 [3]. Ce *Directoire* n'avait pas été destiné, à la vérité, aux inquisiteurs de Carcassonne, de Toulouse et d'Albi ; mais le modèle qu'il proposa fut précisément la procédure usitée dans le Midi. Cet opuscule se présente donc comme un miroir fidèle, utile à consulter pour l'étude de l'Inquisition. « Voici, dit-il dans le premier paragraphe, comment les Inquisiteurs procèdent dans le pays de Carcassonne et de Toulouse; » et il donne la forme de la citation et de l'interrogatoire. Une fois la procédure faite, les juges, sans qu'ils connaissent le nom du prévenu, portent leur sentence ; jamais relaps ne peut être livré au feu sans avoir préalablement reçu l'invitation de reconnaître ses fautes [4].

Après un exposé général de la procédure, l'auteur explique le sens juridique des mots *hæreticus, suspectus de hæresi, celatores, occultatores, receptatores, defensores, fautores, relapsi* [5]. Il se demande ensuite quelle conduite il faut tenir envers les hérétiques dogmatisants et les relaps, et il donne les formules de la sentence et de la purgation [6] ; quels devoirs impose la présence d'un cadavre hérétique dans un cimetière béni, et ce que les prêtres sont tenus de faire vis-à-vis des hérétiques qui ont déjà avoué leur erreur [7]. Il rappelle leurs obligations aux Inquisiteurs eux-

---

[1] *Thesaurus*, t. V, col. 1795-1822.
[2] *Admonitio prævia*, c. 1759.
[3] Une formule citée est ainsi datée : « Anno Domini MCCLXXVII, die lunæ in festo B. Clementis. » col. 1812.
[4] *Thesaurus*, t. V, col. 1795-1796.
[5] *Ibid.*, c. 1797.
[6] *Ibid.*, c. 1801.
[7] *Ibid.*, c. 1801.

mêmes [1]. Enfin il fournit les formules diverses pour la sentence, la réception, l'excommunication, la convocation du peuple, la citation des coupables et la mutation de peine [2].

Martène a joint à cet instructif opuscule la lettre de commission pour l'Inquisition adressée par Alexandre IV au Prieur des Dominicains de Paris et deux lettres de Grégoire X aux inquisiteurs eux-mêmes [3].

Parmi les pièces curieuses que cet opuscule contient, nous citerons celle qui est fournie comme modèle de pénitences spirituelles imposées à l'hérétique converti [4], et celle où nous voyons là peine de la prison commuée en une autre fort légère (Carcassonne, avril 1271) [5].

Un des devoirs le plus souvent recommandés aux frères, soit Prêcheurs, soit Mineurs, est de se ménager le concours des Ordinaires et des hommes experts dans les lois. Les premiers juges de l'Inquisition n'avaient été autres, en effet, que les juges diocésains [6]. La présence des Prêcheurs et des Mineurs ne les avait pas frustrés de leurs anciens pouvoirs : l'historien les rencontre souvent à l'honneur et aussi à la peine, comme par exemple à Avignonet. Innocent IV ne méconnut point leur charge de juges ordinaires. Bien au contraire. Il recommanda expressément au provincial des Dominicains que les Inquisiteurs s'adjoignissent ces juges diocésains. C'était, une fois de plus entre mille autres, être fidèle à ces conseils de prudence et de sage discrétion que les papes rappelèrent si souvent : l'amour de la vérité, l'éloignement de toute grâce, de toute haine et de toute faveur, le service de Dieu seul [7], le désintéressement.

L'appât des biens des hérétiques pouvait en effet être un danger. Innocent IV sut le prévenir. Sa lettre du 17 juin 1251 renferme une prescription dont beaucoup seront peut-être étonnés : car c'est un préjugé assez communément répandu, et dont M. Ch.

---

[1] *Ibid.*, c. 1805.

[2] *Ibid.*, col. 1806-1814.

[3] *Ibid.*, col. 1814-1822. Les Inquisiteurs nommés dans cet opuscule sont Guillaume Bernard et Jean de Saint Benoît (c. 1808), Pons de Poreto, et Etienne de Gatine (c. 1809) et Symon de Valle (c. 1810-1812). Ce dernier exerçait ses fonctions à Orléans et à Evreux.

[4] Col. 1808.

[5] Col. 1809-1810.

[6] Innocent IV au Provincial des Prêcheurs. *Layettes,* n° 3946.

[7] *Layettes*, n° 3946; cf. n° 3877.

Molinier s'est fait l'écho, que l'Inquisition se prêta à une
sorte de marché, où l'Église et l'État, les Dominicains et les
officiers d'Alphonse de Poitiers, saint Louis lui-même, cherchè-
rent un bénéfice d'argent, multipliant dans ce but les poursuites [1].
Nous n'avons pas à dire ici quels furent les agissements du fisc
royal : nous n'avons qu'à parler de l'Église. Or, comment Innocent IV résolut-il cette question délicate ? Il n'eut qu'à rappeler
la règle, ancienne déjà, d'après laquelle les Inquisiteurs ne
pouvaient point d'eux-mêmes imposer une amende ou une peine
pécuniaire quelconque [2] : car c'est un principe du droit canon que
toute pénitence doit être salutaire, c'est-à-dire médicinale, utile
pour ramener l'hérétique à la vérité. Le but incessamment et
uniquement poursuivi par l'Église, c'est de faire connaître la
vérité : comme conséquence, elle demande que l'outrage fait
à la vérité soit expié, mais par des châtiments qui ramè-
nent l'âme à de meilleurs conseils. Cette conception de la
pénitence salutaire ne nous paraît pas indigne de l'Église. Assurément, la persuasion se présente comme un moyen plus noble et
plus généreux de faire connaître et surtout aimer la vérité; mais
on ne saurait condamner, comme mauvais en lui-même, le châtiment, sanction de toute loi, et de la loi morale elle-même, qui, s'il
ne produit pas la charité, excite la crainte, « ce commencement
de la sagesse. »

VI

Nous sommes ainsi naturellement amené à signaler un manuscrit des plus importants, où la pénalité inquisitoriale apparaît dans toute son étendue. Ce manuscrit est devenu la propriété
de la ville de Clermont-Ferrand [3]. La reproduction photographi-
que, déposée à la Bibliothèque nationale [4], porte le titre de
Registre de l'Inquisition de Carcassonne, 1249-1257. « C'est le
tableau de son activité quotidienne. » Un registre de greffe toujours ouvert pour recevoir à tout moment du jour, tous les rensei-

[1] M. Ch. Molinier, op. cit., p. 461.
[2] *Layettes*, n° 3946.
[3] N° 136a du Catalogue de la Bibliothèque de la ville.
[4] Lat. 139, Nouv. acq.

gnements intéressant la justice inquisitoriale, doit porter en effet, selon la remarque de M. Ch. Molinier, les détails les plus vivants et les plus instructifs.

Le manuscrit de Clermont se divise en deux parties. La première [1] renferme quelques interrogatoires et de nombreux exemples de cautions fournies par les prévenus et de peines infligées. La seconde [2] comprend les interrogatoires de quarante-une personnes, appartenant à quatorze localités du département de l'Aude. Les plus intéressants sont peut-être les six qui eurent lieu à Leuc, où une sorte d'église dualiste s'était établie.

Tout à l'heure nous faisions connaître la règle qui imposait aux Frères inquisiteurs l'obligation de s'adjoindre les juges diocésains. D'après le ms. de Clermont, non seulement les deux inquisiteurs Baudouin de Montfort [3] et frère G. [4] consultèrent ces juges diocésains, mais encore ils semblent s'être effacés devant l'évêque de Carcassonne, Guillem II (1249-1255), qui prit l'exercice de la justice inquisitoriale. Nous ne voyons pas que Radulphe, son successeur, ait montré le même zèle. De fait, après la mort de Guillem II, Raoul, Raimond, Déodat et Pierre Aribert [5] prirent le titre d'inquisiteurs, et en exercèrent à eux seuls la charge (1255-1259). A côté des juges proprement dits, apparaissent d'autres personnages, qui jouent un rôle encore important. Ainsi, les uns reçoivent les premières dépositions et préparent l'instruction de l'affaire ; les autres figurent, soit comme notaires, soit comme témoins. Nous relèverons les noms des principaux : Pierre, official de Carcassonne, l'abbé de Saint-Hilaire, Hélie, archidiacre de Razés, François-Jean de Capestang, sous-prieur des Dominicains de Narbonne, Raymond David, curé de Saint-Vincent de Carcassonne ; parmi les laïques, Mata, chatelain de Montréal, Raimond Aban, chevalier, Gervaise, baile du Cabardés pour le roi, Robert, médecin. Le ms. de Clermont-Ferrand nous fait assister à deux cent vingt-une séances du tribunal. Que ces séances se tinssent soit dans Carcassonne même, au palais épiscopal, dans la Tour dite de la Justice, dans la maison

---

[1] 41 folios.
[2] 26 folios.
[3] IIe partie, f°s 7 A et 22 B, f° 26 B.
[4] G. Raimond, ou Gui de Navarre, IIe partie, f° 22 B.
    1re partie, f° 35 A, f° 37 bis. — IIe partie, f 19 B.

du Maréchal, soit en dehors de Carcassonne, à Villadier [1], par exemple, elles fournissent toujours les détails les plus caractéristiques.

Mais il est un ordre de renseignements plus intéressants encore que les précédents : car ils dissipent d'injustes accusations qui se sont souvent produites. Ce sont ceux qui répondent à cette question : Les Inquisiteurs furent-ils incorruptibles? Le *Registre de greffier du tribunal de l'Inquisition de Carcassonne* fournit la preuve de leur parfaite honnêteté.

Il est en effet parlé dans ce manuscrit de sept tentatives de corruption, faites par les hérétiques appartenant à différentes classes, pour se soustraire, au moyen de sommes d'argent ou de dons offerts, aux poursuites des Inquisiteurs [2]. Assurément rien de plus naturel de la part des prévenus : de tout temps, les coupables ont cherché, par tous les moyens à leur usage, à se soustraire à l'action de la justice. Mais nulle part on ne voit que les Inquisiteurs aient sollicité ces démarches intéressées et nous avouons avoir de la peine à comprendre cette accusation de M. Charles Molinier. « la faute en était aux Inquisiteurs eux-mêmes [3]. » Les efforts des hérétiques furent-ils du moins couronnés de succès? Nullement. Quelques serviteurs de l'Inquisition, ou même quelques personnages intrigants, mais n'appartenant au tribunal à aucun titre, purent sans doute promettre leurs bons offices à prix d'argent : mais les juges, jamais. M. Charles Molinier l'a reconnu. « Les séductions auxquelles se laissaient prendre leurs serviteurs, dit-il, n'avaient pas d'empire sur eux [4].» Mais pourquoi alors se montre-t-il quelque peu scandalisé, à la pensée que les Inquisiteurs recevaient des émoluments fixes, du reste bien modestes, comme s'ils n'avaient pas droit au pain de la vie; à la pensée qu'Alfonse de Poitiers faisait des largesses avec les biens confisqués? Tout l'étonne, même ce grand et

---

[1] 1re partie, fo 5 B, IIe partie, fo 5 A.
[2] 1re partie, fo 38 B. — 2o, 1re partie, fo 37bis A. — 3o 1re partie, fo 38 A, IIe partie, fo 20 A. — 4o et 5o, 1re partie, fo 38 B-A.— 6o et 7o, 1re partie, fo 38 A.
[3] *Loc. cit.*, p. 304.
[4] *Op. cit.*, p. 305. Il ajoute aussitôt : « Nous n'avions jamais moins attendu de leur fanatisme et de leur orgueil, qui devaient les mettre au-dessus de pareilles bassesses. »

beau couvent des Dominicains de Toulouse, dont il jouit cependant lui-même aujourd'hui [1] !

Tout à l'heure nous apprécierons d'autres accusations absolument gratuites. Les questions, supposées par la confiscation des biens hérétiques, s'étaient depuis longtemps fait jour dans l'esprit des Frères. Nous dirons dans quel sens ils interrogèrent l'archevêque de Narbonne, Gui Fulcodi, plus tard Clément IV, et de même quel fut le sens de la réponse. Poursuivons cette revue rapide du ms. de Clermont. Il n'y est pas seulement parlé des juges inquisitoriaux, mais aussi de la procédure et de la pénalité.

La procédure s'exerçait ou bien contre les hérétiques vivants, ou bien contre les hérétiques morts. La comparution était le premier acte de la procédure contre les hérétiques vivants. Le curé de la paroisse du prévenu, accompagné de témoins, était tenu de faire à domicile la citation. Il la renouvelait, le dimanche, à la messe paroissiale. Le prévenu devait répondre dans un nombre de jours fixé, porté par D. Vaissete jusqu'à quinze, et appelé le *temps de grâce;* s'il comparaissait dans ce laps de temps, il jouissait de certains avantages : l'exemption de la peine de mort, de la prison perpétuelle, de l'exil, de la confiscation [2]. C'étaient les peines les plus graves. Quand le prévenu ne se présentait pas de gré, il était amené de force. Comment? Plus tard, les officiers royaux durent s'y employer eux-mêmes; mais, vers 1250, il est difficile de constater encore leur intervention. Les Inquisiteurs arrêtaient donc eux-mêmes, par les fidèles, ou même par les hérétiques revenus à résipiscence. Innocent IV avait fait à ceux-ci certains avantages [3]. La procédure et l'instruction suivaient la comparution. Le prévenu prêtait le serment de parler et de répondre selon la vérité. Quelquefois il n'y avait qu'un seul interrogatoire; d'autres fois plusieurs, ou même à des intervalles séparés. Les cas d'un seul interrogatoire furent les

[1] Ce sont les bâtiments du Lycée : « A défaut de renseignements décisifs (sur ce que les Dominicains ont joui des confiscations) dit-il, le doute ne pourrait manquer de naître en présence de ces fondations de couvents innombrables, de ces constructions prodigieuses et splendides, telles que leur église et leur cloître de Toulouse, par exemple, qui datent justement de leur plus grande activité comme inquisiteurs. »

[2] Cf. *Le Concile de Béziers de 1246.*

[3] 2 décembre 1249, Doat, vol. XXI, f° 76.

plus rares : preuve évidente que les Inquisiteurs s'entouraient le
plus possible de renseignements. L'instruction faite, ou bien le
prévenu était renvoyé sans qu'on donnât suite, ou bien son affaire
était retenue, et alors il était le plus souvent enfermé dans une
prison, celle de l'évêque, celle de la *Cité*, ou même dans la maison du Maréchal. Quelquefois on lui laissait la liberté, mais il faisait la promesse de se présenter quand il en serait requis ;
comme caution, il déposait une somme de dix à cent livres tournois ou toulousains. Dans le cas d'un culpabilité présumée, le
prévenu était invité à se défendre : il recevait donc par écrit les
dépositions faites contre lui ; et au jour fixé, il fournissait sa défense et les témoins à décharge. Si une seule séance ne suffisait
pas, on lui en accordait une autre : Isarn de Pesens en obtint jusqu'à trois [1]. L'assignation adressée au prévenu de venir entendre
la sentence définitive fermait la longue série des formalités.

La procédure contre les hérétiques défunts prenait son fondement dans ce principe, émis par la *Practica* de Bernard Gui, dont
nous parlerons en finissant, que le crime d'hérésie était tellement
énorme qu'il devait être poursuivi jusque dans les morts et jusque
dans les héritiers du coupable [2]. M. Ch. Molinier reconnaît
que cette pénalité, l'Inquisition ne l'avait pas imaginée. Elle
était contenue dans les *Constitutions* de Frédéric II contre les
hérétiques [3].

Le ms. de Clermont-Ferrand énonce un certain nombre de
cas de morts poursuivis : ils peuvent se rattacher à deux caté-
gories. Les Inquisiteurs apprennent qu'un soupçon d'hérésie
plane sur telle personne déjà morte, soit que ce soupçon se pro-
duise pour la première fois, soit que la personne précédemment
poursuivie soit réputée avoir été relapse avant de mourir. Ils
instruisent l'affaire par témoins ; puis ils admettent la famille à
défendre la mémoire du défunt ; enfin ils prononcent. C'est un premier cas. Mais il arrivait souvent que des hérétiques, ayant reçu
une pénitence, passaient à trépas sans l'avoir accomplie, ou bien
après avoir satisfait à une partie seulement de cette pénitence.
Les Inquisiteurs appelaient la famille, et celle-ci s'entendait à

[1] 1re partie, f° 35 B.
[2] *Practica*, IIIe partie, f° 36 D.
[3] Publiées par Limborch, *Historia Inquisitionis*, pp. 48-51. Il y en a
quatre.

l'amiable avec eux pour la compensation à fournir [1]. Et tout était fini là.

Telle est, en termes très abrégés, la procédure inquisitoriale de Carcassonne appliquée à ses différents cas. Disons en quelques mots très rapides, pour faire apprécier le prix de ce manuscrit, ce que le *Registre* de Clermont-Ferrand nous fait connaître de sa pénalité.

A Carcassonne comme à Toulouse, le prononcé de la sentence avait lieu dans les églises, le plus souvent dans l'église Saint-Vincent [2] ou dans l'église Saint-Michel [3]. Les peines infligées étaient de quatre sortes :

1° *Les peines comminatoires*, qui avaient pour but d'obliger les hérétiques d'abord à se présenter et puis à se soumettre : la plus fréquente de ces peines était l'excommunication conditionnelle [4];

2° *Les peines mineures*, consistant en œuvres pies, ou même en amendes pécuniaires, amendes qu'il fut toutefois de bonne heure défendu d'infliger par le concile de Narbonne (1244) et par Innocent IV. Les aumônes, les pélerinages et les visites à tels sanctuaires désignés étaient considérés comme des œuvres pies [5];

3° *Les peines infamantes*, c'est-à-dire les croix que l'hérétique était tenu de porter sur ses vêtements, et la flagellation, par lui-même ou par son propre curé, chaque dimanche, pendant un espace de temps [6]. La *Practica* de Bernard de Gui parle d'autres peines infamantes, par exemple tels insignes de déshonneur : quatre langues de drap rouge pour les faux témoins; deux morceaux de feutre de couleur jaune taillés en forme d'hostie et attachés, l'un à l'endroit de la poitrine, l'autre entre les épaules, pour les faiseurs d'incantations et de maléfices ; un marteau découpé dans une étoffe rouge pour celui qui, condamné à la prison perpétuelle, était relâché pour ses bonnes dispositions ; l'image d'une lettre attachée sur la poitrine pour ceux qui étaient prévenus d'avoir falsifié les lettres inquisitoriales ;

4° *Les peines majeures*, c'est-à-dire la confiscation des biens,

---

[1] 1re partie, fo 37bis B, fo 27 A, fo 22 A, IIe partie, fo 22 A.
[2] 1re partie, fo 7 A.
[3] 2e partie, fo 20 B.
[4] 1re partie, fo 27 B.
[5] 1re partie, fo 25 B, fo 37bis A, fo 13 B.
[6] 1re partie, fo 25 B.

4

la prison et la mort par le bûcher, forment la dernière espèce
de peines énumérées par le ms. de Clermont. Les cas en sont
très rares.

Après le *Registre de greffier du tribunal de l'Inquisition de
Carcassonne*, nous signalerons deux autres manuscrits, se rappor-
tant aux années 1254 et 1256. M. Ch. Molinier n'en a connu qu'un
seul, celui qui appartient aux archives départementales de la
Haute-Garonne [1], et auquel il donne le titre de *Registre de l'Inquisition de Toulouse*. Ce *Registre* se compose de cinq feuilles
doubles: l'ancienne numérotation montre qu'elles ont appartenu
au même volume : nous pensons même que le second manuscrit,
dont nous dirons tout à l'heure un mot, n'est aussi qu'un fragment de ce même volume, aujourd'hui malheureusement disparu,
ou plutôt dispersé. Resplandi et Arnaud de Gouzens sont les
deux Inquisiteurs que le *Registre* nous fait connaître. Amiel,
curé de Saint-Étienne de Toulouse, interroge Guillem Fournier,
comme assesseur des Inquisiteurs Jean de Saint-Pierre et Rainaud de Chartres. Les prévenus dont il donne les noms sont au
nombre de 613, si nous y joignons ceux à l'interrogatoire des-
quels il nous fait assister. Les départements auxquels ils appartenaient sont l'Aude, l'Ariège, le Tarn, le Gers, l'Aveyron et le
Tarn-et-Garonne : la plupart des prévenus étaient de la classe
des hérétiques appelés *Parfaits*. N'oublions pas de dire que ce
manuscrit a fourni à M. Belhomme l'occasion d'une étude sur *l'hérésie des Albigeois*, qui ne manque pas d'intérêt. Bien qu'il l'ait
publié en grande partie [2], on y glanera encore quelques détails
peu connus sur les cérémonies dualistes dites *Consolamentum,
Hereticamentum, Apparelhamentum*, et *Adoration*.

Le second manuscrit appartient à M. Louis Bonnet, de Béziers,
qui a bien voulu nous le communiquer. Il se compose de deux
folios, recto et verso, portant la numérotation CCLXII et CCLXXI [3].
Il faisait partie d'un répertoire perdu, le même probablement
que le *Registre de l'Inquisition de Toulouse :* l'écriture est la
même ; la liste des prévenus présente une disposition identique.

---

[1] Fonds dominicains.
[2] *Mémoires de la société archéologique du midi de la France*, t. VI,
pp. 100-146.
[3] Sur parchemin ; écriture du temps ; hauteur 0,34 cent. largeur 0,25
centimètres. Nous le publions ici même.

Ce ms. nous fait assister à neuf interrogatoires, dont deux sont devenus fragmentaires par l'us du temps. Ces neuf interrogatoires ont pour siège les deux localités de Montauriol dans l'Aude et de Montgaillard dans la Haute-Garonne.

Le fo CCLXXI nous donne la date de ces interrogatoires : octobre et novembre 1256. Deux interrogatoires ont lieu le même jour. Les Inquisiteurs nommés sont Frère Ferr. (Ferrier probablement), Jean de Saint-Pierre, Rainaud de Chartres, Jean de Saint-Benoît et Dominis. A trois reprises, Jean de Saint-Pierre reçoit seul les dépositions. Quelques-uns des prévenus ne comparaissent pas pour la première fois. Ainsi, Esclarmonde de Saint-Amour dit qu'elle avait déjà fait les révélations rapportées au fo CCLXII devant Maîtres Arnaud Gozentz et Arnaud de Brassac, Inquisiteurs, à Bellepuy ; et Bertrand de Rocavila avoue s'être déjà présenté devant Fr. B. de Caux [1]. Les personnes interrogées sont au nombre de huit : Rysendis, femme de Bernard Rainald, de Sainte-Camelle, Esclarmonde de Saint-Amour, fille de Pierre de Saint-Amour de Montauriol dans le Lauraguais, Bérenger de Saint-Amour, Raimonde, femme de Pierre de la Fargue, Arnaud *de Capellano* de Montgaillard, Pétronille Donadena de Montgaillard, Bertrand de Rocovile et Gaillard de Rocovile de Montgaillard, qualifiés l'un et l'autre de *Miles*. Le nombre des personnes accusées par ces huit témoins est de cent sept.

Quelques détails curieux à relever : ce sont d'abord les instances faites par les hérétiques surpris en délit d'*Adoration* pour que leur conduite ne soit point dévoilée [2] ; c'est ensuite l'ensevelissement clandestin de la dame Ara de Montgaillard, hérétique, dans le bois voisin de Montgaillard, appelé *del Cuenh* [3] ; ce sont aussi les lettres envoyées par Arnaud Pradier à Blanche, femme d'un chevalier de Latour [4], qui, ne pouvant les lire et n'ayant pas à côté d'elle Pons Guillem, autre chevalier de Latour, pour faire cette lecture, les expédie à Mirota, lequel refuse de les recevoir [5] ; c'est enfin le voyage entrepris par Pons de Sainte-Foi et quelques autres hérétiques pour apaiser une querelle survenue à propos d'une somme d'argent, entre

[1] Fo CCLXXI.
[2] Fo CCLXII.
[3] Fo CCLXXI.
[4] « Viri de Turre militis. »
[5] Fo CCLXXI.

Pierre Mazerot et Arnaud Pradier, hérétiques. Pons de Sainte-Foi semble exercer l'office, non pas seulement de conseiller ou d'entremetteur, mais encore de juge [1], et nous place en présence d'une société organisée de tout point.

On voit donc combien il importe de ne négliger aucune des sources de l'histoire de nos troubles religieux, au XIII° siècle.

VII

Cette conviction nous a porté à rechercher les moindres traces de ces luttes, lettres, sentences isolées, et autres documents qui, pris à part semblaient peu dignes d'attention, mais qui, rapprochés les uns des autres et des manuscrits plus étendus, forment en réalité un ensemble respectable, et fourniront à l'historien les matériaux pour une étude sérieuse, et presque complète, de l'Inquisition méridionale.

Nous parlions tout à l'heure du rôle des évêques au tribunal de l'Inquisition. Tous ne comprirent pas leurs devoirs de la même manière, ni même les droits que les lois ecclésiastiques leur accordaient. Ainsi un évêque de Carcassonne n'avait cessé, pendant six ans (1249-1255), de présider le tribunal, mais son successeur s'en désintéressait à peu près entièrement. Le 25 janvier 1251, l'archevêque de Narbonne portait contre des femmes accusées d'hérésie vaudoise une sentence de réclusion perpétuelle, motivée sur des faits d'une certaine gravité [2]; l'année suivante (juin 1252), les évêques de Toulouse, d'Agen, d'Albi et de Carpentras, réunis à Riom, auprès du comte Alfonse de Poitiers, confirmaient par une ordonnance aux religieux Dominicains le pouvoir de juger les hérétiques dans leurs diocèses, sur la recommandation de G. Fulcodi [3]. C'était assez faire entendre qu'ils ne méconnaissaient point les recommandations d'Innocent IV. Le pape, en effet, désirait voir les tribunaux d'Inquisition se multiplier dans le Midi, afin que toute cause de trouble et de division disparût au plus tôt; il avait

[1] F° CCLXXI.
[2] *Hist. de Lang.*, éd. Privat, t. VIII, c. 1272.
[3] *Hist. de Lang.*, éd. Privat, t. VIII, c. 1313. Cf. Boutaric, *Saint Louis et Alfonse de Poitiers*, p. 443.

même demandé aux évêques de fournir du secours, si besoin était, aux juges délégués [1].

Ces secours à fournir supposaient des revenus. Or, la question des revenus souleva, vers 1252, la querelle des *Incours* à l'occasion des biens hérétiques. Ces biens étaient confisqués au profit, « tantôt d'un simple seigneur ou d'un évêque, tantôt, et c'était l'ordinaire, au profit du comte de Toulouse, jaloux de ce droit lucratif. » Le Viguier de Toulouse était spécialement chargé de veiller à ce que les condamnations pour crime d'hérésie fussent exécutées dans le Toulousain. Dans les autres sénéchaussées, ce soin regardait les sénéchaux ; en outre, auprès d'Alfonse, un surintendant général des *Incours*, centralisait les différentes condamnations, en tenait registre, percevait le produit des confiscations, vendait les meubles des condamnés, administrait en un mot cette importante branche de revenus ; il s'appelait Jacques du Bois. Il y avait toute une comptabilité pour les produits des confiscations sur les hérétiques. Alfonse fit quelquefois des largesses avec les biens ainsi acquis, notamment à maître Gille, clerc de l'Inquisition, qui reçut, en récompense de ses bons services, une rente annuelle de cent sous, à prendre sur les revenus d'une terre confisquée sur un chevalier. « Croira-t-on qu'il s'est trouvé des hommes assez pervers pour se montrer encore plus sévères que l'Inquisition et pour faire périr sur le bûcher ceux que les juges compétents avaient seulement condamnés à une prison perpétuelle ? Et cela pour augmenter les revenus du comte Alfonse, en obtenant par un supplice illégal une confiscation que la sentence régulière ne comportait pas. Ces faits révoltants, qu'on voudrait ne pas croire, sont malheureusement attestés par des documents officiels, authentiques, conservés depuis le treizième siècle au Trésor des chartes, et qui défient toute critique, tout examen. Un Dominicain, Rainaud de Chartres, nouvellement investi des fonctions d'Inquisiteur à Toulouse, constata, non sans un profond trouble, l'horrible abus que nous venons de signaler... La rapacité des officiers d'Alfonse ne fut point toujours aussi cruelle ; mais pour être moins affreuse, elle n'en était pas moins cynique. C'est quelque chose d'intéressant que ce conflit entre l'Inquisition et le pouvoir laïque au sujet de la punition des hérétiques ;

[1] *Layettes*, n. 4000.

certes, le beau rôle n'est pas du côté des agents du comte [1]. »

En 1253, Jean d'Arsis, sénéchal du Rouergue, se plaint au comte de l'Évêque de Rodez, qu'il accuse de frustrer le trésor, mais qui, de l'aveu du sénéchal lui-même, n'a pu obtenir de lui qu'il laissât une partie des biens de six hérétiques condamnés soit à eux-mêmes soit à leurs enfants [2]. Le sénéchal fait ainsi preuve de zèle. Mais il se garde bien de dévoiler l'abus signalé tout à l'heure. Du moins Rainaud de Chartres ne manqua pas à ce devoir [3]. Pour l'honneur de la religion dans le Midi, l'archevêque de Narbonne, les évêques de Béziers, de Lodève et d'Agde firent entendre la protestation de leur conscience indignée. Ils se plaignirent vivement du double trafic exercé par les officiers du comte : ceux-ci, en effet, livraient au feu les hérétiques condamnés à la prison pour avoir la faculté de mettre la main sur leurs biens ; d'autre part, moyennant un avantage pécuniaire, ils rendaient aux héritiers une partie des biens confisqués, ou même la totalité de ces biens [4].

Aucun document ne nous dit l'impression produite à Poitiers par ces réclamations, mais elles ne restèrent pas sans résultat. C'est ainsi que, le 8 avril 1254, les officiers du comte, parmi lesquels nous nous plaisons à citer Gui Fulcodi, prirent sur eux-mêmes de porter une ordonnance de réformation, motivée par les nombreuses plaintes qui surgissaient de toutes parts [5]; elle réglait sur trois points la conduite des sénéchaux et des baillis.

Les monastères tinrent à honneur de se placer en dehors de la question irritante des revenus : d'ailleurs la situation sociale, parfois élevée, des hérétiques, rendait plus sévère l'opinion, et pouvait par elle seule susciter des embarras. Depuis quelque temps déjà un différend avait éclaté entre l'abbaye de la Grasse [6] et le roi. Bernard, prieur du monastère, d'accord avec tous les religieux qui signèrent avec lui, céda au roi de France tous ses droits sur les biens dont le monastère était en possession par concession

[1] M. Boutaric, *Saint Louis et Alfonse de Poitiers*, p. 451. — M. Boutaric fournit la preuve de ces faits dans les notes.
[2] M. Boutaric, *Ibid.*, pp. 454-455.
[3] Sa lettre, dans Boutaric, *op. cit.*, p. 452-453.
[4] *Layettes*, n° 4054. — *Hist. de Lang.*, éd. Privat, t. VIII, c. 1322.
[5] *Hist. de Lang.*, éd. Privat, t. VIII, c. 1325.
[6] *Layettes*, n° 2022, n° 4078 ; — Mahul, *Cartulaire de Carcassonne*, t. II, p. 279. — *Gallia Christ.*, t. VI, p. 949 ; — Tillemont, *S. Louis*, t. IV, p. 98 ; t. VI, p. 282.

d'Alfonse de Poitiers, à la suite des troubles de l'hérésie et de la révolte. Cet acte du 13 mai 1254, renouvelé le 16 janvier 1257 [1], énonce, dans l'exposé des motifs, des faits utiles à connaître [2].

Le pape, à son tour, en ce qui touchait à la publication des noms des témoins, apporta quelques modifications à la conduite tenue jusque-là par les Inquisiteurs. Prenant une sorte de moyen terme, il ordonna que les noms des témoins ne fussent pas tus, mais aussi ne fussent pas livrés à tout le monde, pour prévenir tout acte de vengeance. Ils devaient être communiqués à des hommes honnêtes, religieux, sûrs, qui rechercheraient quelle confiance méritaient les témoins [3]. Peut-être le tribunal avait-il, en effet, été surpris dans sa bonne foi par des dépositions fausses. Toujours est-il qu'Innocent IV renouvela les conseils de prudence déjà si souvent donnés aux Inquisiteurs : point d'erreur sur les prévenus ; dès lors des témoins sûrs [4].

Ces divers documents ne sont pas les seuls de ce temps qui fassent honneur à l'Église. Il en est d'autres encore que nous pouvons signaler à l'historien. On a souvent représenté les évêques et les frères comme acharnés contre les hérétiques ; on leur a reproché de s'être laissé conduire par un désir coupable de leurs biens. Or, il se trouve que ce furent précisément les évêques et les frères qui protégèrent les hérétiques contre des supplices non mérités, et leurs familles contre d'injustes spoliations. Les documents déjà cités le montrent abondamment. A leur défaut, il serait possible de produire la lettre-ordonnance de l'archevêque d'Aix, qui, assisté de Pons de Saint-Gilles, prêcheur, de Guillaume Robert, mineur, et de Gui Fulcodi, ordonna, au nom du roi, par sentence d'arbitrage, un grand nombre de restitutions pour dommages causés par les officiers royaux [5]. On remarquera que les commissaires enquêteurs, choisis par le roi, avaient été pris dans les rangs ecclésiastiques : de ce côté, en effet, se trouvaient réunies là force, l'indépendance et l'honnêteté nécessaires pour corriger les abus. Aussi ce fut en toute confiance que Guillaume, évêque de Lodève, leur demanda d'interdire, pour l'avenir, au

[1] *Layettes*, n° 4317.
[2] *Layettes*, n° 4097.
[3] *Layettes*, n° 4110. Cfr. *Hist. de Lang.*, t. VIII, c. 1333. M. Delaborde et M. Molinier croient que cette bulle resta à l'état de projet.
[4] *Layettes*, n° 4111, n° 4112.
[5] *Layettes*, n° 4202, n° 4207.

sénéchal de Carcassonne, et en général « à tous les officiers
royaux, » de faire des citations, d'instruire des procédures, de
prononcer des condamnations, et de recevoir des reconnaissan-
ces de fiefs. De même, l'évêque d'Agde, l'abbé de Saint-Poly-
carpe et l'archidiacre de Fenouillèdes adressèrent au roi un long
mémoire sur les faits et gestes du sénéchal de Carcassone,
Pierre d'Auteuil. Nous n'avons plus malheureusement ce mémoire ; et il nous paraît difficile de l'apprécier pleinement
d'après la réponse où le sénéchal motiva son refus de jurer l'ob-
servation du statut *Cupientes*. Nous relèverons seulement le passage où il avouait, en en faisant un objet de reproches, que les
évêques imposaient aux hérétiques des pénitences légères et
leur laissaient leurs biens, au grand préjudice du roi, et malgré
l'ordonnance [1].

La lettre de l'Inquisiteur Rainaud de Chartres a déjà été signa-
lée. Nous ferons observer seulement que M. Boutaric et M. Aug.
Molinier ne sont pas d'accord sur la date de cette lettre : le premier la croit de 1255 [2] ; le second, du 31 janvier 1257 [3]. A cette
date Innocent IV n'était plus [4].

VIII

Alexandre IV, son successeur, eut pour les hérétiques les
mêmes dispositions bienveillantes et pour les juges les mêmes
conseils. Il renouvela son ordonnance relativement aux témoins.
Ce fut là toujours un sujet de graves préoccupations ; il fallait, en
effet, éviter deux écueils : d'abord que les accusations ne fussent
fausses, ensuite que les témoins ne fussent exposés à la vengeance des grands surtout [5]. Or, des plaintes étaient venues
jusqu'à lui que des condamnations avaient été portées avec pré-
cipitation. Il ordonna donc, pour quelques affaires en particulier,
que les témoins fussent entendus de nouveau. Il maintint le pou-

---

[1] M. Aug. Molinier a analysé cette réponse. *Hist. de Lang.*, éd. Privat,
t. VII, pp. 536-538.
[2] *Alf. de Poitiers*, p. 453.
[3] *Hist. de Lang.*, t. VIII, c. 1409.
[4] Mort le 7 décembre 1254.
[5] *Layettes*, n° 4221 et n° 4301.

voir de commuer les peines en faveur de ceux qui montreraient quelque repentir [1]. Il demanda à l'Inquisition de continuer son œuvre, toutefois avec modération et sagesse [2]. Les aveux de Guillaume Fournier [3] justifient amplement ces désirs du pape Alexandre IV. D'ailleurs, les Inquisiteurs ne bornèrent point leurs travaux à la recherche de l'hérésie : beaucoup les consultaient; et comme malgré eux ils devaient quelquefois accepter d'intervenir. Dans bien des cas, la juridiction ecclésiastique était, en effet, préférée à la juridiction civile [4]. Par suite de cette option, Pons de Saint-Gilles et Fr. G. Robert demandèrent à Guillaume d'Auteuil, sénéchal de Beaucaire et de Nîmes, de reconnaître les droits lésés de quelques habitants du pays de Nîmes [5]; l'archevêque d'Aix ordonna que 165 livres fussent restituées à Béatrix, fille d'Augier Frotard [6], et 250 livres à Sibile d'Anduze, fille de Raymond Pelet [7].

Ces divers actes nous autorisent-ils à penser que les Inquisiturs ne rencontraient plus d'obstacles ou peu d'adversaires après 1255? Non, assurément. Une juridiction de cette nature, établie d'ailleurs dans un pays agité par les passions religieuses et soumis à la race peu aimée du Nord, devait soulever des colères, exciter des haines, des ressentiments, des rivalités. Mais tout ce qui nous est parvenu de ces haines calomnieuses, de source hérétique, ou des rivalités implacables des sénéchaux, ne saurait être accepté comme un élément suffisant d'appréciation sur le tribunal lui-même. Nombreux sont les actes témoignant de cette rivalité. Ainsi Alexandre IV informait les Prêcheurs que la légation dans les terres toulousaines, confiée à l'évêque d'Avignon [8], ne portait aucune atteinte à leurs attributions ; Alfonse de Poitiers ordonna que ses officiers dans le Toulousain prêtassent serment aux Inquisiteurs, comme pour les rendre responsable des abus [9]. Cela résulte enfin de l'ordonnance de saint Louis en favour des

---

[1] *Layettes*, nᵒ 4301. Cf. La bulle d'Innocent IV, *Layettes*, nᵒ 4110, nᵒ 4111, nᵒ 4224.
[2] *Layettes*, nᵒ 4406.
[3] *Registre de l'Inquisition de Toulouse*, archives de la Haute-Garonne.
[4] M. Fournier, *Des officialités*.
[5] *Layettes*, nᵒ 4269.
[6] *Layettes*, nᵒ 4272.
[7] *Layettes*, nᵒ 4320, nᵒ 4321, nᵒ 4367, nᵒ 4376.
[8] *Lateteys*, nᵒ 4347.
[9] Mars, 1258. *Hist. de Lang.*, éd. Privat, t. VIII, c. 1412.

Inquisiteurs calomniés[1] ; car il n'est point possible d'accuser de complaisance le roi pieux, toujours si calme et si fort. La principale cause qui attisait sans cesse la rivalité des sénéchaux et des Inquisiteurs était, on le sait, dans les débats soulevés à tout instant à propos des confiscations, les évêques et les Inquisiteurs tendant vers la douceur, les sénéchaux au contraire aggravant les sentences pour justifier les confiscations. Ils en avaient besoin, ces officiers royaux ; ils se livraient à un vrai luxe de dépenses : le comput de celles d'Odoard de Pomponne, vicaire d'Avignon, ne l'atteste que trop[2]. Nous savons aussi comment les *Incours* étaient administrés[3], et quels étaient ceux qui, vers 1260, bénéficiaient des biens des hérétiques[4]. Urbain IV, au reste, fixant de nouveau le mode de procédure, demanda des adoucissements, bien justifiés du reste par les exactions précédentes et par l'état d'infériorité dans lequel l'hérésie néo-dualiste tombait tous les jours. Voici l'analyse de cette lettre d'après M. Boutaric. « Le pape, dit-il, interdit aux Dominicains de procéder sans les évêques ou leurs délégués. Les hérétiques qui avoueront leur faute et demanderont pardon, recevront l'absolution ; quant à ceux qui nieront et demeureront opiniâtres dans leur péché, voici comment on agira à leur égard. On fera une enquête : deux personnes religieuses et discrètes seront commises pour entendre les témoins, dont les dépositions seront reçues, autant que faire se pourra, par un notaire public, et à son défaut par deux personnes à ce idoines. S'il y a des inconvénients à révéler les noms des déposants, on les cèlera ; mais on les fera connaître aux personnes prudentes, honnêtes et religieuses, qu'on devra consulter avant de prononcer la sentence. Notez ce point important : une sorte de jury qui assiste les Inquisiteurs[5]. »

Oui, vraiment, l'Église, en face des hérétiques, eut toujours le souci de la *justice* et de la *charité*.

Nous connaissons enfin les inquiétudes que les *Incours* éveillèrent dans l'âme des Inquisiteurs. Ils formulèrent leurs scrupules dans quinze questions, adressées, sous forme de consultation,

---

[1] *Hist. de Lang.*, éd. Privat, t. VIII, c. 1435.
[2] *Layettes*, n° 4489.
[3] Boutaric, *Alf.de Poitiers*, p. 450, note.
[4] Boutaric, *Ibid.*, p. 449, notes 1 et 2, p. 471 ;— *Layettes*, n° 4608, et 4332[2].
[5] *Alf. de Poitiers*, pp. 443-447. Le texte de la bulle est en cet endroit.

à l'archevêque de Narbonne, Gui Fulcodi [1], le réparateur des injustices, l'homme le plus en état, par ses anciennes fonctions d'enquêteur royal, de motiver une réponse. Ces questions font honneur à la conscience des Inquisiteurs : la réponse n'honore pas moins l'archevêque. César Carena la publia en 1668 [2] ; mais bien quelle soit très connue de tous les canonistes, M. Ch. Molinier l'a totalement passée sous silence.

Nous signalerons seulement ici les tomes XXXII et XXXIII de la collection Doat; il y est surtout question de nombreux démêlés entre divers seigneurs et l'Inquisition, toujours au sujet des biens confisqués, et cela pendant cinq ans (1260-1265).

Pendant le pontificat de Clément IV (1265-1268), le tribunal poursuivit son exercice : mais à cette date son action était très ralentie. Il nous reste deux pièces de l'année 1264 : le procès de Raimond de Falgar, évêque de Toulouse, et la procédure contre Roger IV. Ce procès comprend deux rapports à l'archevêque de Narbonne, deux lettres d'Urbain IV à Alfonse, et une lettre de celui-ci au sénéchal de Toulouse et d'Albi [3].

D. Vaissete avait déjà publié le texte des trois procédures qui, vers la fin de 1264, furent instruites contre Roger IV, comte de Foix [4]. Ces textes n'ont rien perdu de leur actualité pour une histoire qui n'est point écrite encore. Quatre ans plus tard, le 25 mars 1268, nous trouvons un mandement d'Alfonse de Poitiers à l'inquisiteur Guillaume de Montréal [5]; il reconnait son droit à des subsides pris sur le trésor public ; un autre, du 16 décembre de cette même année, invite les Inquisiteurs à se livrer à toute l'activité de leur zèle pour mener à terme l'œuvre déjà bien avancée [6]; un troisième enfin, du 13 janvier 1269, aux inquisiteurs Pons le Poujet et Étienne de Gatine, a en vue l'appropriation du château de Lavaur pour l'incarcération des hérétiques, la sustentation des *Emmurés*, et aussi la diminution de la pension, bien modeste pourtant, jusque-là donnée aux Inquisiteurs [7].

---

[1] Plus tard Clément IV.
[2] *De officio Sanctissimæ inquisitionis.*
[3] *Hist. de Lang.*, éd. Privat. t. VIII, col. 1528-1541.
[4] *Hist. de Lang.*, éd. Privat, t. VIII, c. 1573.
[5] *Hist. de Lang.*, éd. Privat, t. VIII, c. 1573.
[6] *Hist. de Lang.*, c. 1583.
[7] *Ibid.*, c. 1584.

A la mort de Clément IV, le siège apostolique vaqua près de
trois ans[1]. Cet espace de temps, bien long pour une vacance, mais
fort court pour l'histoire, nous fournit deux documents seulement
se référant à l'objet qui nous occupe : l'un est du 1er mai 1270;
c'est une commutation de peine par le Fr. Etienne de Gatine, en
faveur de Raymond Sancius, condamné aux pélerinages majeurs,
à la visite de sanctuaires déterminés et au voyage au delà des
mers : moyennant trente livres tournois destinés à la Terre
Sainte[2], il ne fut plus tenu que de visiter Saint-Antoine de
Pamiers. Le second document consiste en deux pièces : l'une du
18 mars 1270, unique de son espèce, ayant trait au droit
qu'avaient les maréchaux de Mirepoix de brûler les hérétiques
de leurs domaines[3], droit reconnu par le sénéchal de Carcassonne, agissant au nom du roi de France; l'autre du 20
mars 1270, constatant que non seulement la reconnaissance, mais
encore la cession de ce droit, a été faite au maréchal[4]. Le lieu du
supplice, à Carcassonne, pour les hérétiques condamnés au feu,
y est indiqué[5].

VIII

Nous touchons déja à la fin du xiii° siècle. Les documents de
ses vingt dernières années ne nous arrêteront pas longtemps :
ils ne nous apprendraient rien de nouveau relativement au tribunal lui-même, à son organisation, à son fonctionnement. Des
faits bien dignes d'attention se produisirent cependant : le complot, savamment ourdi, vers 1283, par les hérétiques, de brûler
les archives de l'Inquisition de Carcassonne; le procès de Bernard
de Castanet, évêque d'Albi, terminé seulement en 1308 ; la poursuite et finalement la condamnation de Bernard Délicieux, ce
moine singulier qui excita dans le Midi tant de troubles popu-

---

[1] Du 29 novembre 1268 au 1er septembre 1271.
[2] Hist. de Lang., éd. Privat, t. VIII, c. 1673
[3] Original au château de Léran (Ariège), publié par M. Aug. Molinier,
Hist. de Lang., éd. Privat, t. VIII, c.1674-1675. —Cf. Olim, de Beugnot, t.I,
p. 317. Mahul, Cartulaire, t. V, p. 629.
[4] Hist. de Lang., éd. Privat, t. VIII, col. 1675.
[5] « In grava juxta flumen Atacis, supra Molendinum Beate Marie ex parte
meridiey. »

laires. L'Inquisition ralentit alors son exercice, et c'est l'ère des
soulèvements contre elle ! Le complot de brûler les Archives,
dont les principaux incidents nous ont été conservés par Doat
(t. XXVI) semble avoir ouvert cette ère inattendue. Après Carcassonne, Albi devint le centre principal de l'agitation. Il faut s'at-
tendre à ce que les écrivains hostiles à l'Église attribuent aux
excès de l'Inquisition la cause de ces mouvements populaires. Les
douze pièces émanées de la chancellerie de Philippe le Bel et des
sénéchaux, que D. Vaissete publia le premier [1], sembleraient leur
donner raison. Le roi se plaignait au sénéchal de Carcassonne des
Inquisiteurs, qui avaient eux-mêmes, disait-il, infligé des supplices atroces, qui s'étaient servi de tortures pour arracher des
aveux, et qui avaient ainsi soulevé le pays tout entier.

Mais ces abus, s'ils se produisirent, ne furent que très passa-
gers : en 1298, Philippe le Bel recommandait au sénéchal de se
mettre pleinement à la disposition des Inquisiteurs qu'il avait
pourtant si vivement incriminés [2]. Il nous reste un acte, scellé du
sceau de l'évêque d'Albi, du sceau de l'évêque de Béziers, et du
sceau de l'abbé de La Grasse, à Carcassonne même, qui nous
raconte une séance du tribunal dans cette ville, et nous montre
les juges bien disposés envers les hérétiques : il les relève de la
sentence d'excommunication et de leur peine [3]. Bien plus, deux
ans plus tard, le roi, comme pour infirmer sa lettre de 1291,
écrivait à l'évêque de Toulouse, à l'Inquisiteur et au sénéchal,
pour exprimer sa peine que Fr. Foulques eût favorisé, en ne les
poursuivant pas, « des erreurs et des vices » que sa charge d'Inquisiteur lui commandait de combattre [4]. Enfin, il promulgua à
nouveau l'ordonnance *Cupientes* [5] ; les hérétiques ne pouvaient
espérer ni relâche ni merci. Les événements qui avaient com-
mencé à se produire vers 1284 justifièrent la sévérité nouvelle.

L'hérésie néo-dualiste n'était pas du reste la seule erreur poursuivie par l'Inquisition. D. Vaissete nous a conservé les divers
points sur lesquels les Inquisiteurs devaient interroger. Les uns
avaient trait au néo-dualisme ; un grand nombre se rapportaie...t

---

[1] *Hist. de Lang.* éd. primitive, t. IV, pr., XL et LIV. Elles sont des années
1291, 1296, 1298, 1299, 1301 et 1302.
[2] *Hist. de Lang.*, éd. primit., t. IV, pr., c. 99.
[3] *Ibid.*, c. 100-102.
[4] *Ibid.*, c. 118.
[5] *Ibid.*, c. 120.

aux sortilèges [1] ; et sans rechercher ici si ces formulaires d'interrogatoire remontent à l'année 1234 ou bien à l'année 1297, il est
certain qu'à la fin du XIII⁰ siècle ils étaient utilisés. Or, par un
heureux hasard, il y a à peine quelques années, un monument
précieux de la pratique fréquente des sortilèges dans les régions
du Tarn, au XIII⁰ siècle, était découvert par M. L. Prunet, à
Cordes, et publié par M. Bruno Dusan, dans la *Revue archéologique du midi de la France*[2]. *Les Sorts des Apôtres* étaient comme
le code de cet art de la divination qui exerçait un véritable pres-
tige. Les Inquisiteurs n'ignorèrent point ces pratiques superstitieuses : ils firent une recherche minutieuse des coupables et
des *Sorts*. C'est sans doute pour les soustraire à toute recherche
que la feuille de parchemin où les *Sorts* étaient transcrits fut
cachée dans ce mur d'où M. Prunet l'a retirée. Étienne de Bourbon (1271) avait déjà signalé les divers genres de divination et
de sortilèges qu'il connut [3]. Peut-être les *Sorts*, dont un passage
est sensiblement néo-dualiste, étaient-ils en usage chez les hérétiques albigeois. Quoi qu'il en soit, ils constituent un document
utile pour connaître un côté de l'état religieux du pays que
les Inquisiteurs parcoururent souvent à la fin du XIII⁰ siècle, et
qui fut le théâtre d'incessants désordres. Peut-être trouvèrent-ils
plus d'obstacles à arracher la superstition qu'à arrêter l'hérésie.
En tout cas, il nous semble que ce document ne peut pas rester
inconnu de l'historien soucieux d'apprécier impartialement les
causes et les conséquences de l'agitation méridionale au temps
où Bernard de Castanet, évêque d'Albi, présidait l'Inquisition.

A distance, nous pouvons encore aujourd'hui assister aux interrogatoires auxquels ils soumettaient les hérétiques, et cela
pendant d'assez longues années. Le ms. 12856 du fond latin de
la Bibliothèque nationale nous présente en effet le recueil de ces
interrogatoires, pendant un espace de dix-huit ans (1285-1303). Ce
n'est pas cependant que ces interrogatoires renferment des faits
bien nouveaux et bien différents de ceux que les autres recueils
mettent en évidence. D'ailleurs ils sont en moins grand nombre
que ne le ferait supposer au premier abord ce long espace de
dix-huit ans.

---

[1] *Hist. de Lang.* Tom. III, col. 371-374.
[2] T. I (1866-1867), pp. 225-237. — Cf. *Revue des Langues Romanes*, 3⁰ série,
t. IV, fasc. 4 et 5.
[3] M. Lecoy de la Marche, *Anecdot. hist. d'Et. de Bourbon*, p. 317.

Bernard de Castanet, assisté cette fois de Nicolas d'Abbeville et de Foulques de Saint-Georges, apparaît dans un autre manuscrit, où se trouve détaillé un procès d'inquisition, à Albi, et un procès des plus intéressants, puisqu'il se rattache à l'agitation méridionale de la fin du XIIIᵉ siècle [1].

Depuis quelques années, deux *Parfaits*, Raymond de Bosc et Guillem Didier, déjà condamnés en 1276, par Étienne de Gatine et Hugues de Boniols, avaient formé autour d'eux, à Albi, une sorte de petite église dualiste. Les bourgeois les plus considérables de la ville en faisaient partie; ses deux chefs se dépensaient en courses fréquentes. C'est à cette église que les prévenus appartiennent : ils sont au nombre de 35 ; ils se répartissent en plusieurs localités dans les proportions suivantes : 25 pour Albi, 6 pour Réalmont, 2 pour Lescure, 1 pour Cordes, 1 pour Lautrec. Parmi eux, 6 sont des légistes ; 7 ont figuré comme témoins dans une condamnation à mort en 1290; un a administré la ville comme consul. Le manuscrit qui raconte ce curieux procès se divise en deux parties : la première [2] donne une liste fort longue d'individus nommés par les accusés ; la deuxième [3] renferme les dépositions.

Les 35 prévenus furent condamnés. De là des soulèvements. B. Gui a raconté les troubles qui suivirent [4]. Les hérétiques de Carcassonne, de Cordes et d'Albi se coalisèrent contre l'Inquisition ; et quand, le 11 février 1301, Bernard de Castanet, revenant de Toulouse, rentra dans la ville, il fut entouré par la foule, qui criait : « A mort ! à mort ! Qu'il meure, le traitre ! Qu'il meure ! » [5]. Et l'année suivante, le couvent était envahi aux mêmes cris : « A mort, les traitres ! »

Comme on le pense, le procès se poursuivit. Les volumes XXXII, XXXIII, XXXIV et XXXV de la collection Doat renferment des pièces nombreuses qui s'y rapportent. En 1301, ce sont des transactions relatives aux biens confisqués de trois des principaux condamnés. C'est, l'année suivante, Pierre Raoul,

[1] Biblioth. nation. Ms. lat., nᵒ 11847.
[2] 7 folios.
[3] 44 folios.
[4] *Historiens de France*, t. XXI, p. 747.
[5] Compayré, *Etudes historiques sur l'Albigeois*, p. 237, pièces justific. mais donnée incomplète. M. Léop. Delisle l'a donnée complète. *Notice des Manuscrits*, t. XXVII, 2ᵉ part., p. 386. Cf. p. 434.

procureur pour les *Incours*, qui présente au Sénéchal Jean
d'Aunay et à Tancrède, trésorier du roi à Carcassonne, les comptes de dix-sept des condamnés. En 1303, Guillem de Maurian et
Salavert de Cordes subissent un nouvel interrogatoire. Le
13 mai 1305, Clément V ordonne une enquête sur l'exercice de
l'Inquisition à Carcassonne et à Albi; et les cardinaux enquêteurs
interrogent dans les prisons la plupart de ces malheureux. Le
8 février 1310, Clément V, sur la plainte de dix prévenus de ce
même procès qui n'ont pas encore été jugés, ordonne à Bertrand
de Bordes, successeur de Bernard de Castanet et aux Inquisiteurs de procéder au jugement qu'ils réclament. Le 5 mars 1319,
Béraud de Fargues et Jean de Beaune soumettent à un nouvel
interrogatoire Guillem Salavert et Isarn Colli. Les noms de quelques condamnés apparaissent encore en 1322 et 1323 dans les
comptes présentés au Sénéchal par Arnaud Assaillit. Viennent
ensuite les pièces relatives aux transactions passées à l'occasion
de la vacance des biens des malheureux hérétiques.

Un des personnages les plus dignes d'attention dans ce procès, c'est assurément Bernard de Castanet : les esprits étaient
très excités contre lui. Au moment où Clément V ordonnait l'enquête, le roi avait déjà fait saisir le temporel de l'évêché [1].
Cette enquête confiée aux cardinaux Pierre et Bérenger avait
deux objets, répondant chacun à un point de la plainte : les condamnations avaient-elles été portées selon la justice ? — quel
était l'état des *Emmurés*, privés de nourriture, disait-on, et
soumis à des tourments intolérables? M. Compayré a publié
cette enquête [2]. L'évêque fut suspendu de ses fonctions, en attendant la solution de l'affaire, et Clément V pourvut à l'adminis-
tration du diocèse. L'instruction demanda trois ans. Enfin
l'évêque fut reconnu innocent et solennellement rétabli dans ses
fonctions par une bulle pontificale [3]. L'évêque et les Inquisiteurs
pardonnèrent à la ville [4]. Mais il fut difficile à Bernard de
Castanet de rester dans un diocèse où son nom avait soulevé des
orages : il fut transféré au Puy; et la pourpre romaine adoucit
bientôt ses tristesses.

---

[1] Compayré, *loc. cit.*, pp. 241 et 239.
[2] *Loc cit.*, p. 242-243.
[3] Compayré, *loc. cit.*, pp. 246-249.
[4] En voir l'acte, Compayré, *loc. cit.*, p. 250.

Quand les deux cardinaux enquêteurs arrivèrent à Carcassonne, ils durent présenter leurs lettres à l'inquisiteur de la ville, Geoffroi d'Ablis. Il nous reste de lui un *Registre*, intéressant à plus d'un titre, principalement pour les renseignements qu'il contient sur un des derniers chefs du néo-dualisme dans le Midi, Pierre Autier, et sur l'état de l'hérésie, au commencement du xive siècle, dans l'Ariège. Nous n'étions pour ainsi dire pas sortis encore des départements de l'Aude, du Tarn et de la Haute-Garonne : le *Registre de Geoffroi d'Ablis* nous transporte dans les régions pyrénéennes, où l'hérésie chercha un refuge, le dernier.

Pierre Autier est sorti d'Ax, dans le comté de Foix. C'est un vieillard, mais vaillant et actif ; il entreprend des courses fatigantes, en dehors même du comté. La secte le reconnaît comme son chef : il est question de lui dans la plupart des dépositions relatées dans ce *Registre* et datées des années 1308 et 1309. Ce *Registre* [1] semble rapporter les dépositions telles qu'elles sont sorties de la bouche des prévenus, au nombre de dix-sept seulement. Ils habitent les petites localités de Larnac, Luzenac, Queille, Montaillou, Lordac, Unac, Quié, Rabat, sises dans la partie la plus étroite de la vallée formée par l'Ariège. Parmi eux, trois femmes. Leurs dépositions fournissent des détails qui ne se trouvent que là sur la manière de vivre des hérétiques et sur les moyens mis en usage pour attirer les femmes : des flatteries dans le goût de celle-ci, adressée à la vanité de la frivole Guillemette, qu'elle avait été reine dans une existence antérieure ; des cadeaux, au reste peu coûteux, un peigne ou une aiguille. Une particularité remarquable, c'est que les dix-sept prévenus se présentent comme étant tous parents ou alliés de Pierre Autier, unis par le double lien de la famille et des croyances.

Les juges devant lesquels les prévenus de l'Ariège comparaissent sont Geoffroi d'Ablis, Bernard Gui, Jean de Beaune, Géraud de Blomac et Jean de Faugoux. B. Gui ne paraît au tribunal qu'une fois, accidentellement ; il est inquisiteur à Toulouse, non à Carcassonne. Jean de Beaune ne paraît qu'une fois aussi, et Géraud de Blomac et Jean de Faugoux ne sont que des assesseurs. Geoffroi d'Ablis a le premier rôle. C'est, du reste, un homme considérable. Il passe pour être fort instruit ; il est agréable à la Couronne. De concert avec le chanoine Pierre de Belleperche,

---

[1] Biblioth. nation., ms. latin, 4269, comprenant 55 folios.

5

il a travaillé à ménager une entente entre le roi et Boniface VIII. « En somme, dit M. Ch. Molinier, à qui nous sommes heureux d'emprunter ce jugement, quels qu'aient été le caractère et surtout le succès de Geoffroi d'Ablis comme inquisiteur au début du XIVe siècle et au milieu des plus graves périls qui aient jamais menacé la justice inquisitoriale, ses confrères, en lui confiant des fonctions chaque jour plus difficiles, ne semblent pas s'être départis de la règle qui avait toujours guidé leur choix, et qui leur faisait désigner invariablement pour un pareil poste les membres de leur ordre les plus recommandables par leurs lumières et leur intelligence, ou simplement leur courage à toute épreuve... [1] »

Pierre Autier ne fut pas le seul ministre dualiste qui comparut devant Geoffroi d'Ablis. Le *Registre* nous montre, à côté de lui, Guillem, son frère, Jacques, son fils, Pierre Sanche de la Garde, Sanche Mercadier de Born, Raimond Fabre, André de Prades, Raimond de Saint-Papoul, Philippe ou Talagrach, Prades Tavernier, Amiel de Perles, tous habiles, intrigants, reçus dans les demeures opulentes des grands du pays. Peut-être ne restèrent-ils pas totalement étrangers aux troubles d'Albi, et s'unirent-ils à Bernard Délicieux, « cet artisan principal de la grande conspiration » qui éclata contre les Fr. Nicolas d'Abbeville et Foulques de Saint-Georges, et qui fut suivie d'une autre conspiration, à la fois politique et religieuse, celle qui se donna comme but de faire passer le Languedoc à la couronne d'Aragon.

IX

Les sources d'informations sur Bernard Délicieux ne répondront pas à toutes les questions et ne donneront pas tous les renseignements désirables, surtout ces renseignements qui toucheraient aux détails intimes de cette histoire de vingt ans, remplie d'incidents divers. Cependant, elles sont à la fois assez nombreuses et assez précises dans leur langage pour qu'il soit possible d'arrêter les grandes lignes de la vie si agitée du moine conventuel de Carcassonne, et de déterminer les motifs principaux

[1] *Op. cit.*, pp. 127-128.

qui le firent agir. Depuis longtemps, son nom a attiré l'attention
de l'histoire. Baluze, dans le *Vitæ paparum* ne se borne pas à
résumer sa vie : il édite les documents les plus considérables
qu'il a sous la main. Wadding s'occupe de lui ; et les *Fragmenta
Bernardi Guidonis* le signalent souvent [1]. M. Germain, dans
l'*Histoire de la Commune de Montpellier* [2], patrie de Bernard
Délicieux, ne fait guère que le nommer ; mais l'abbé André [3],
le P. Lelong [4], Raynaldi, M. Hauréau surtout, lui consacrent
une attention particulière [5].

Il sera utile aussi de connaître les *vies* des quatre papes, qui
durent s'occuper du moine : Boniface VIII, Benoît XI, de l'em-
poisonnement duquel quelques-uns le soupçonnèrent ; Clément V,
si bien disposé pour le roi de France, et enfin Jean XXII, qui le
fit juger et emprisonner. Philippe le Bel, après avoir été obligé
de l'entendre plusieurs fois à Paris, dut faire le voyage de Toulouse, de Carcassonne et de Béziers pour apaiser les populations
méridionales, soulevées par les accusations de Bernard Délicieux
contre les Inquisiteurs et contre le roi lui-même, coupable de ne
pas arrêter les excès, de prêter main-forte aux Inquisiteurs. Jean
de Picquigny, vidame d'Amiens, et Richard Leneveu, archidiacre
d'Auge dans le diocèse de Lisieux, nommés par le roi réforma-
teurs du Languedoc, en 1301, reçoivent les plaintes du moine.
C'est une mine à explorer. Nous croyons même que le procès de
Bernard Saisset jettera quelques lumières sur l'histoire des
troubles de Carcassonne et des conspirations dont l'Inquisition
fut le prétexte [6]. Quelques manuscrits encore inédits devront être
nécessairement consultés. C'est d'abord le *Registre de Geoffroi
d'Ablis*, déjà mentionné ; c'est ensuite le *Processus insignis contra Bernardum Deliotiosi ord. Min.* [7]. Baluze y puisa largement [8].

[1] *Rec. des Hist. de France*, t. XXI.

[2] T. III, p. 222.

[3] *Histoire politique de la monarchie pontificale au XIVe siècle*, p. 131 et
suiv.

[4] *Bibl. franç.* t. III.

[5] *Bernard Délicieux et l'Inquisition Albigeoise.* Cf. *Histoire de l'Eglise
d'Albi*, par d'Auriac.—Limborch, *Historia Inquisitionis*, p.205, 206, 379, 380.
Limborch a accepté comme fondées toutes les accusations de Bernard contre
l'Inquisition. Cap. xlii : *Enumeratio variarum injustitiarum et crudelita-
tum, quæ in tribunali Inquisitionis committuntur.*

[6] *Hist. littér. de la France*, t. XXVI.

[7] *Biblioth. nation.*, f. latin, n° 4270.

[8] *Vitæ paparum.*

M. Ch. Molinier l'a signalé [1], et M. Hauréau en a extrait de nombreux passages [2]. C'est enfin le tome XXXIV de l'immense collection Doat, qui a fourni à M. Hauréau la riche collection de ses pièces justificatives [3], avec le texte de la sentence portée contre Bernard Délicieux [4], sentence déjà publiée, du reste, par Baluze [5] et par Mahul [6]. Toutes ces pièces auront leur complément dans l'appel interjeté par le roi de France contre la sentence [7], et dans la bulle de Jean XXII [8] déléguant l'archevêque de Toulouse et ses suffragants pour instruire le procès du moine [9].

Malgré l'ordre chronologique, qui nous a paru si avantageux pour ce recensement, on nous permettra de faire ici un retour sur Clément V, prédécesseur de Jean XXII. Celui-ci se préoccupa de la question des hérétiques. Ses décisions passèrent même dans le Droit Canon, après le *Sexte*. Il maintint les deux tribunaux, parfois en rivalité : le tribunal diocésain par le juge ordinaire, l'évêque; et le tribunal de l'Inquisition par les délégués apostoliques. En principe, l'un ne pouvait siéger sans l'avis préalable de l'autre. Clément V régla que, sans avis préalable, ils siégeraient séparément, le tribunal diocésain dans cinq cas, celui de l'Inquisition dans trois cas déterminés par lui. Cette coexistence des deux tribunaux amena comme conséquence la nécessité pour chacun d'entretenir un gardien dans les prisons destinées aux hérétiques. Chaque gardien pouvait subdéléguer, prêtait serment avant d'entrer en charge et conservait toujours une clef de la prison. Des peines étaient déterminées contre les évêques et les Inquisiteurs qui manqueraient à leur devoir. Puis, entrant dans un utile détail, Clément V fixait l'âge pour être inquisiteur, quarante ans; il édictait des peines contre les Inquisiteurs, qui, à l'occasion de leurs fonctions, détourneraient les biens des hérétiques, ou bien qui, à propos de délits commis par les clercs, priveraient les églises de tout ministère. Il engageait les notaires et autres

---

[1] *Op. cit.*, pp. 29-30.
[2] *Bern. Délicieux*, p. 7, n. 2.
[3] *Bern. Délicieux*.
[4] D'après le Ms. latin 4270 (f° 174-186).
[5] *Vitæ pap.*, t. II, col. 374-358.
[6] *Cartul. de Carc.*, t. V, p. 663.
[7] Baluze, *Vit. Pap.*, t. II, col. 358-365.
[8] 16 juillet 1319.
[9] Baluze, *Vit. Pap.*, t. II, col. 341-344.

officiers du tribunál à dénoncer ces juges avides ; il voulait que les Inquisiteurs n'abusassent point du privilège de porter les armes ; il leur enjoignait même de n'avoir que le nombre d'officiers, assesseurs ou serviteurs, absolument nécessaire à l'exercice de leur fonction [1]. Cette bulle appartient tout entière à l'histoire de l'Inquisition.

Nous n'omettrons pas de citer ici le *Liber Sententiarum Inquisitionis Tolosanæ*, édité par Limborch, comme nous le disions en commençant ; à part quelques lettres pontificales et la réponse de Gui Fulcodi à la consultation des Frères, il est encore le seul document étendu qui ait été publié sur l'Inquisition Toulousaine. Comme son titre l'indique, les *Sentences* portées contre les hérétiques dominent dans ce *Liber :* seulement ceux qu'elles frappent ne sont pas toujours qualifiés d'*Albigeois ;* beaucoup sont qualifiés *Vaudois*, quelques-uns *Béguins*. Un est condamné pour être retombé dans le Judaïsme ; un paysan, pour avoir célébré les saints mystères ; quelques-uns pour avoir suscité des embarras à l'Inquisition.

Ces *Sentences* furent prononcées dans quatorze *sermons* ou assemblées, tenus, neuf à Toulouse, deux à Carcassonne, un à Cordes et deux à Pamiers. Le premier est du 4 mars, premier dimanche de Carême 1307 ; le dernier est du dimanche dans l'octave de la Nativité de la Sainte Vierge, 1322. Le nombre des personnes condamnées dans cet espace de quinze ans, s'éleva à 638, appartenant à 130 localités.

Il nous serait facile de relever ici des particularités nombreuses dans ce *Liber sententiarum* [2]. L'espace et le temps nous manquent. Nous ferons remarquer seulement qu'il importe de ne pas séparer l'étude du *Liber* de l'étude d'autres *Sentences* prononcées en 1318 et 1319, et conservées dans la collection Doat [3]. Quelques-unes de ces dernières ont été connues de Limborch ; d'autres publiées, mais d'une manière imparfaite, par M. Domairon [4].

Parmi ces derniers documents, quelques-uns font le plus grand honneur aux Inquisiteurs. Les actes par lesquels ils délivrèrent de la prison Amelius de Rives, Raymond de Quério, Raymonde

---

[1] *Clémentin.*, lib. V, Tit. III, *De Hæræticis*, c. I et II.
[2] Il compte 394 pages in fo.
[3] Vol. XXVII et XXVIII.
[4] *Cabinet historique*, t. X, pp. 8-22, 105-113 ; t. XI, pp. 223-235 ; 340-346.

Arsen et Adélaïs de Vermoux [1], et de la peine de la croix, Hono-
rine, épouse de Guillaume Adhémar, Bérenger Scolari, Pierre
Vital de Foix, Raymonde, épouse de Fabre d'Ax [2], sont un gage
de leurs dispositions bienveillantes pour les coupables. Ils ne
manquaient pas du reste de poursuivre les faux témoins, comme
ils le firent pour Aigline, femme de Guilhem Nouel, de Capestang, pour Arnaud Salvador et Raymond Gaubert de Capestang.
pour Ermessinde, fille de Raymond Monier de Cessenon [3]. Plus
souvent alors que vers le milieu du XIII° siècle, ils consentaient à une remise de peine [4] ; presque toujours, ils suppliaient
le bras séculier d'user d'une grande modération [5]. D'autres fois
ils protégaient eux-mêmes les condamnés contre les moqueries,
les insultes, les mauvais traitements, auxquels les exposait un
milieu social qui avait horreur de l'hérésie [6] ; ils prononçaient
même des grâces, comme ils le firent pour neuf femmes condamnées au port de la croix, en 1318 [7]; pour quatre autres
femmes, condamnées à la même peine, en 1324 [8]; pour Blaise
Roger, tailleur à Narbonne, et pour le clerc Mathieu de Bellevue [9].
Si un serviteur de l'Inquisition se montrait indigne de la confiance qu'on lui témoignait, il était sévèrement jugé, comme le
fut le notaire Adalbert de Narbonne, qui avait commis des exactions dans sa charge, en exigeant des salaires exorbitants.
Parmi les faits de cet ordre qui témoignent d'un amour sincère
de la justice dans les Inquisiteurs, le plus éclatant fut la répara-
tion solennelle faite à Pierre Tournemire, injustement condamné.
M. Germain en a publié les actes authentiques [10], déposés aux
archives municipales de Montpellier. Ils entrent dans le cadre
des consultations de même nature, dont le conseil réuni à Pa-

[1] Doat, t. XXVIII, fo 63.
[2] Doat, t. XXVIII, fo 62.
[3] Doat, t. XXVII, fo 134. Ces localités sont dans l'arrondissement de Béziers (Hérault).
[4] Doat, t. XXVIII, fo 63.
[5] Doat t. XXVII, fo 95, fo 232.
[6] Doat, t. XXVII, fo 108.
[7] Doat, t. XXVII, fo 192.
[8] Doat, t. XXVIII, fo 62.
[9] Doat, t. XXVII, fo 110.
[10] *Une consultation inquisitoriale au XIV° siècle*, Mémoires de la société
archéol. de Montpellier, 1857, in 4o, 40 pages.

miers, en janvier 1328, fut saisi et qui a été reproduite dans la collection Doat. [1]

En finissant, nous signalerons une source historique du plus haut prix, celle où non seulement sont conservés les faits d'Inquisition, ces faits qui forment l'élément primordial et nécessaire de l'histoire, mais où se trouvent, de plus, nettement arrêtés, les principes pratiques du fonctionnement régulier d'une cour d'Inquisition à Toulouse. Ces sources appartiennent au XIVᵉ siècle; elles couronneront utilement cette étude, longue assurément, mais cependant encore trop courte.

---

[1] Un mot de cette collection, si souvent nommée dans cette étude. En 1669, Jean de Doat président de la Chambre de Navarre et conseiller du roi, fut chargé de recueillir tous les documents pouvant servir à établir les droits de la couronne dans la Provence et le Languedoc. Il ne s'en tint pas là; il recueillit toutes les traces de l'histoire de ces deux provinces; les copies qui en furent faites passèrent aux archives nationales. Albi, Toulouse, Carcassone, les dualistes, leurs erreurs; l'Inquisition et son fonctionnement l'arrêtèrent longtemps. Les documents d'inquisition comprennent 17 volumes, parmi les 258 de la collection entière : ils appartiennent à toutes les époques de l'Inquisition et vont bien au delà des limites que nous nous sommes imposées (1165-1636). Nous avons, à l'occasion, mis quelques-unes de ces pièces à leur place chronologique : nous n'avons pu le faire que pour un petit nombre.

Il nous a donc paru utile de dénommer ici l'objet principal de chacun de ces dix-sept volumes : ils pourraient former la ligne centrale d'un tableau synoptique de tous les documents d'Inquisition méridionale.

T. XXI (1165-1240). — Interrogations et sentences. — Condamnations portées par Guillaume Arnaud, martyr d'Avignonet.

T. XXII, XXIV, XXV (1243-1279). — Interrogations. — Sentences. — Château de Montségur.

T. XXIII et XXVI (1244-1290). — Dépositions. — Complot pour brûler les archives de l'Inquisition de Carcassonne.

T. XXVII et XXVIII (1318-1329). Sentences frappant quelques habitants de Carcassonne. de Limoux, de Lodève.

T. XXIX, XXX. — Formules de lettres, sentences.

T. XXXI (1209-1265). — Actes de poursuite. — 35 bulles d'Innocent IV.

T. XXXII, XXXIII (1265 et au delà). – Actes de l'Inquisition.— Croyances des néo-dualistes.

T. XXXIV, XXXV. — Bulles. — Ordonnances. — Procédures. — Saisies de biens.

T. XXXVI, XXXVII. — Lettres royales. — Bulles. — Summa de Catharis et Leonistis. — Disputatio inter Catholicum et Patherinum hœreticum. — De septem donis Spiritus sancti.

Comme on le voit, la moisson des documents ne pèche pas par l'abondance, ni même par la qualité. Dès lors, abondante sera aussi la moisson des faits, qui étudiés et bien compris, permettront d'établir les bases solides d'une synthèse historique.

X

Elles sont au nombre de trois et d'origine dominicaine :
d'abord le recueil de formules, lettres, sentences, etc., qui forme
les tomes XXIX et XXX de la collection Doat; ensuite, la *Practica*
de Bernard Gui, la plus importante des trois; enfin, le *Directo-*
rium d'Eymeric. A la rigueur, les deux premières peuvent se confondre et se réduire à une seule, si, comme M. Léopold Delisle
le croit, les tomes XXIX et XXX ne contiennent que des extraits
de la *Practica* [1].

La *Practica* de Bernard Gui nous est conservée dans deux manuscrits appartenant à la ville de Toulouse [2]; ils n'ont pas la
même valeur. Le ms. 267, le plus ancien en date, est probablement
une des premières reproductions du manuscrit original. Cette
reproduction dut servir, à son tour, à faire d'autres copies pour
l'usage des divers couvents [3]. Le docteur Schulte avait déjà
donné, avant M. Léop. Delisle, une courte notice du ms. 121 [4];
celui-ci, tout en s'attachant surtout à l'étude du ms. 267, a fait
cependant quelques extraits du ms. 121, et les a publiés : ce sont
la *Lettre de Bernard Gui ordonnant la recherche des livres des*
Juifs qui devraient être brûlés, dans les sénéchaussées de Toulouse
et de Rodez [5], la lettre pour le même objet dans la sénéchaussée
de l'Agenais [6], le récit du soulèvement des Albigeois contre les
inquisiteurs [7], une lettre de Bernard Gui pour confier provisoire-
ment les fonctions d'inquisiteur au prieur et au lecteur des
Dominicains de Carcassonne [8], un *Sommaire et table de la prati-*
que de l'Inquisition [9], et quelques *Extraits relatifs à la secte*
des Béguins [10].

[1] *Notic. et manus.*, t. XXVII, 2e part., p. 354.
[2] 1re Série, mss. 121 et 267, — anciennement mss. 98 et 196.
[3] Ms. 267, f° 106, note marginale.
[4] *Iter gallicum*, art. XCIX, ap. *Sitzungsberichte der philos. hist.*, cl. LIX.
423.
[5] *Not. et manusc.*, t. XXVII, 2e partie, p. 382.
[6] *Ibid.*, p. 384.
[7] *Ibid.*, p. 390.
[8] *Ioid.*, p. 397.
[9] *Ibid.*, p. 402 — 415.
[10] *Ibid.*, p. 416-420. M. Léop. Delisle a joint à ces pièces d'autres extraits pris des œuvres de B. Gui; nous notons ici *l'Information faite à Cas-*

La *Practica* doit être regardée comme un des documents les plus importants de l'Inquisition méridionale ; elle nous donne l'ensemble des actes successifs du tribunal, depuis le moment où il commence à informer jusqu'à celui où il prononce la sentence; elle émane d'une main habile, honnête, sûre. Nous n'essayerons pas de retracer la biographie, plusieurs fois entreprise, de Bernard Gui, cet illustre Dominicain, inquisiteur, évêque, historien[1]: nous serions réduit à répéter ce que d'autres ont dit déjà, et tout récemment. On nous permettra seulement de rappeler le sentiment de M. Léopold Delisle, qui le place au premier rang parmi les historiens du quatorzième siècle, et de remarquer que nul ne fut dans une situation plus favorable pour écrire la *Practica*. Dominicain, il fut pendant vingt ans mêlé aux travaux de l'Inquisition méridionale ; il connut par lui-même le fonctionnement pratique du tribunal. De fait, la *Practica*, aussitôt écrite, fit partout autorité : et par là les contemporains de B. Gui nous donnent eux-mêmes la mesure de la confiance qu'elle mérite.

L'objet de la *Practica* est plus étendu que celui d'aucun autre document d'inquisition. La Chronique de Guilhem Pelhisso ne raconte que les premiers essais du tribunal; les *Enquêtes* et les *Sentences* de Bernard de Caux, les divers Registres de l'Inquisition de Toulouse, la réponse de Gui Fulcodi, le *Procès de l'Inquisition* d'Albi, les bulles pontificales, les pièces séparées, éparses dans les *Layettes*, dans les *Recherc...* de Compayré sur l'Albigeois, dans le *Cabinet historique*, dans l'*Histoire générale de Languedoc*, les dix-sept volumes de la Collection Doat eux-mêmes, — si nous en exceptons les tomes XXIX et XXX, — en un mot chacun des documents que nous avons signalés ne nous présente, s'il nous est permis de parler de la sorte, qu'un côté, parfois retréci, du fonctionnement de l'Inquisition : la *Practica*[2] nous offre, au contraire, ce fonctionnement complet, dans un majestueux ensemble et dans une œuvre qui nous est parvenue telle

---

tres par l'*Inquisiteur en présence de B. Gui*, et relative à la révolte de 1302. *Ibid.*, p. 435.

[1] M. Léop. Delisle, *loc. cit.*, pp. 170-188. Cf. Ulysse Chevalier, *Répertoire des sources historiques*, au mot GUIDONIS (Bernard.

[2] Voici, du reste, le résumé succinct des matières contenues dans les cinq parties de la *Practica* :

I. Formules de lettres ayant trait soit à la citation ou à l'arrestation des personnes coupables ou suspectes d'hérésie, soit à l'appel des témoins ou

qu'elle sortit de la plume de Bernard Gui. L'Inquisition y est vivante : car la *Practica* fut composée, non avec les pièces fictives d'une composition idéale, mais avec les pièces historiques de l'Inquisition à Toulouse.

Quelque importante que la *Practica* apparaisse, l'historien gagnera à l'étudier cependant à la lumière du *Directorium Inquisitorum* d'Eymeric [1].

Eymeric, de Girone en Catalogne, naquit vers 1320, c'est-à-dire dix ans environ avant la mort de Bernard Gui : il appartient ainsi à la génération qui succéda immédiatement à celle de Geoffroi d'Ablis, de Bernard de Castanet et de Foulques de Saint-Georges. C'est vers 1356 qu'il composa son beau traité, sous les yeux mêmes de la cour pontificale, à Avignon [2].

Le *Directorium*, conçu sur un plan plus méthodique que la

conseillers dont l'intervention est nécessaire. Ms. 267. fo 1 au fo 12. -- Ms. 124, fo 1 au fo 18.

II. Formules des lettres principalement relatives aux actes gracieux qui d'ordinaire se faisaient au commencement du sermon des Inquisiteurs, tels que l'enlèvement des croix et l'élargissement des *emmurés* ou prisonniers, l'imposition des pénitences arbitraires, comme pélerinages et port de croix, l'octroi de grâces en dehors du *sermon*. Ms. 267, fo 12 au fo 25. — Ms. 121, fo 18 au fo 44.

III. Formules des actes qui se faisaient aux *sermons* : prestation de serment.—Excommunication de ceux qui soulevaient des difficultésaux Inquisitions. — Enlèvement de la croix. — Exposé des fautes. — Abjurations. — Condamnations. — Sentences. — Dégradation. - Emprisonnement. — Absolutions, etc. Ms. 267, fo 25 au fo 53. — Ms. 124, fo 44 au fo 95.

IV. Constitutions apostoliques qui avaient défini le pouvoir et les prérogatives des Inquisiteurs. Ms. 267, fo 53 au fo 70. — Ms. 124, fo 95 au fo 128.

V. Instructions pour l'examen et l'interrogatoire des différentes classes des hérétiques : les Manichéens, les Vaudois, les Faux Apôtres, les Béguins, les Juifs, les Sorciers et les devins. Ms. 267, fo 70 au fo 89.

A ces cinq parties est joint un appendice, qui comprend :

1o Le texte des constitutions apostoliques ;

2o Des formules d'abjuration ;

3o Des mémoires sur la secte des faux apôtres. Cet *Appendice* ne se trouve que dans le Ms. 124, fo 164. M. Léopold Delisle a donné une table générale des matières de la *Practica*, beaucoup plus détaillée. *Loc. cit.*, p. 402-415.

On peut regretter que, dans quelques folios du ms. 267, par exemple, fo 77 B, fo 74 C, D, fo 68 C, fo 87 B, C, D, fo 88 C, fo 89 A, B, fo 90 C, fo 91 B, fo 92 C, fo 93 A, B, fo 94 C, D, fo 95 A, B, fo 96 C, D, fo 97 B, fo 98 C, fo 99 B, fo 100 C, D, l'encre ayant perdu sa vigueur, l'écriture ait un peu disparu, mais le ms. 124 permettra de suppléer les parties les plus effacées.

[1] Cet ouvrage a été publié plusieurs fois; les commentaires que Pegna y a ajoutés ne sont pas sans valeur.

[2] Il mourut le 4 janvier 1399.

Practica, comprend trois parties. La première donne un exposé large de la foi catholique, et prépare la seconde, qui fournit un rapide aperçu historique des hérésies et spécifie les délits relevant de l'Inquisition; dans la troisième sont développées des instructions très précises sur l'office des Inquisiteurs, sur les règles de la procédure et la pénalité.

Une connaissance profonde du droit éclate partout dans cette œuvre : c'est un avantage dont elle jouit sur toute autre ; mais c'est peut-être aussi son défaut, car elle semble avoir été composée en vue d'un tribunal d'Inquisition en général.

Il n'est pas moins vrai qu'Eymeric, pour venir le dernier dans cette longue nomenclature d'œuvres et d'auteurs, y occupe plus qu'une place honorable.

XI

Après lui, peu d'écrivains s'occupèrent de l'Inquisition méridionale. C'est donc au *Directorium* d'Eymeric que nous nous arrêterons. Résumons-nous.

Après avoir circonscrit l'objet et le lieu de nos recherches, et fixé notre méthode, nous avons considéré dans l'Inquisition méridionale deux périodes distinctes, l'une de préparation et d'essai, l'autre de plein exercice. Les documents de la première période, pour être tous imprimés, n'en ont pas moins une sûreté reconnue et une nouveauté relative, car ils ont été peu étudiés encore, autant ceux qui nous placent en présence du péril à conjurer que ceux qui nous montrent les moyens de répression dont la société disposait : nous mettrons cependant au premier rang les actes des souverains pontifes et des conciles, et les ordonnances impériales. Parmi les documents de la seconde période, beaucoup attendent encore un éditeur ; des manuscrits que nous possédons, les uns, comme ceux de la collection Doat, sont des copies faites au xvii° siècle d'originaux aujourd'hui perdus ; d'autres sont du temps et des hommes témoins des événements. La critique s'inspirera toujours de préférence de ces derniers ; cependant l'historien aurait tort de dédaigner les premiers. S'il est possible de prendre quelquefois le copiste en défaut, ces pièces, telles qu'il les a reproduites, n'en renferment pas moins un grand fond de vérité ; et d'ailleurs, elles parlent souvent là où les manuscrits originaux se taisent.

Ces manuscrits originaux offrent un triple caractère : ou bien ils sont de simples récits, comme la Chronique de Guillem Pelhisso ; ou bien, ils donnent, dans un ensemble complet, l'organisme d'une cour inquisitoriale, comme la *Practica* de Bernard Gui ; ou bien même, ils sont les *Registres* notariés des Inquisiteurs, comme les *Enquêtes* et les *Sentences* de Bernard de Caux, le Registre de Geoffroi d'Ablis, le Registre du greffier du tribunal de Carcassonne, le Registre de l'Inquisition de Toulouse. La critique préférera, encore ici, ces témoins officiels, à toute œuvre privée. Mais si l'on veut bien considérer que Guillem Pelhisso est le premier témoin et le premier historien des sept premières années de l'Inquisition ; si l'on veut bien se souvenir que la *Practica* de Bernard Gui jouit auprès des contemporains d'un universel crédit, on pensera avec nous qu'ils ont le droit d'être toujours entendus, et souvent suivis.

Les documents, imprimés déjà, de la seconde période se recommandent par leur nombre, et quelquefois par l'autorité dont ils émanent. Les lettres pontificales, les ordonnances d'Alfonse de Poitiers et de saint Louis occupent le premier rang; viennent ensuite les actes des évêques, soit considérés en particulier, soit réunis en synode, soit dans l'exercice de leur charge, soit répondant à une grave consultation, comme Gui Fulcodi : à côté de ces actes peuvent se placer les pièces témoignant des concessions faites par la Couronne ou des droits acquis par de simples particuliers, comme pour Gui, le Maréchal. Les écrits de source privée, comme le XXXIX° et le XL° chapitre de la *Chronique* de G. de Puylaurens, le *Débat d'Isarn* et de *Sicard de Figueiras*, la *Summa de Catharis* et *Leonistis* de Rainier Sacchoni, l'opuscule *Doctrina de modo procedendi contra hæreticos*, le *Directorium* d'Eymeric, projettent quelquefois une véritable lumière sur les pièces officielles elles-mêmes; ils aident à les comprendre ; ils les complètent même en expliquant leurs motifs et leur enchaînement. Tous ces innombrables documents, à la vérité, n'ont pas été lus, à l'époque où ils furent imprimés, par un œil également habile : les textes publiés par Percin et par Bouges n'offrent pas une absolue correction : Baluze, Martène, Vaissete eux-mêmes ne respectèrent pas toujours l'orthographe latine du XIII° siècle. Mais n'importe ; si les habitudes littéraires de leur temps étaient moins exactes que les

nôtres, ils ne manquèrent jamais d'honnêteté ; les derniers surtout se distinguèrent par un immense savoir.

En somme, bien qu'il soit permis de déplorer les ravages du
temps et des hommes, il est peu de sujets d'étude qui se présentent avec des documents aussi nombreux et aussi sûrs. Nous
n'avons rien à craindre à ce que l'histoire — cette histoire éclai-
rée qui tient compte des temps, des mœurs et des hommes
— nous dise, à leur impartiale lumière, les causes, le caractère,
l'organisme et le fonctionnement de l'Inquisition méridionale
au treizième siècle.

TEXTES

CHRONICON[1]

GUILLELMI PELHISSO

ORDINIS FRATRUM PRÆDICATORUM

———

Frater Guillelmus Pelhisso de Tholosa, vir religiosus[2], unus de fratribus primitivis, scripsit manu sua illa[3] que sequuntur in papiro, que de verbo ad verbum transcripta sunt in hoc loco ad memoriam futurorum.[4]

1. Cette chronique, dont M. Ch. Molinier (*De Fratre Guillelmo Pelisso, veterrimo inquisitionis historico, disseruit Carolus Molinier. Accessit ejusdem fratris Chronicon e Carcassonensi nunc primum omni ex parte editum*. Paris, Fischbacher, 1880) a publié la copie fautive et récente conservée à Carcassonne (Biblioth., ms. 6449), a été reproduite, au commencement du quatorzième siècle, par les soins de Bernard Gui, dans un des manuscrits appartenant aujourd'hui à la bibliothèque d'Avignon (musée Calvet). Elle comprend du manuscrit 229, ancien fond, les folios 11 A, B, C, D; 12 A, B, C, D; 13 A, B, C, D; 14 A, B, C. Elle est placée entre les deux œuvres du même historien : *Priores in monasterio Pruliani* et *Fundacio conventus Tholosani*.

Le titre que nous donnons ne se trouve pas dans le manuscrit d'Avignon; celui que porte le manuscrit de Carcassonne, *Chronicon fratris Guilhelmi Pelhisso ordinis prædicatorum de Albigensibus*, est de l'invention du copiste du dix-septième siècle. Nous en conservons cependant la première partie; la suite, *de Albigensibus*, nous paraît trop vague.

2. Ce mot manque dans le manuscrit de Carcassonne. M. Ch. Molinier l'a remplacé par cet autre, *egregius* (p. 3).

3. *Unus* et *Illa* manquent dans le manuscrit de Carcassonne. fº 1.

4. D'après le sens de ce passage, cette courte préface n'appartient pas à Guillem Pelhisso, mais à Bernard Gui.

Ad gloriam et laudem omnipotentis Dei et Beatissime[1] Virginis Marie, matris Christi, et[2] beati Dominici, patris nostri, et tocius curie celestis[3], volo quedam[4] per scripturam memorie[5] commendare, que Dominus operatus est in Tholosa[6] et[7] in partibus Tholosanis[8] per fratres ordinis Predicatorum[9], et per fideles alios in eisdem partibus, meritis et precibus beati Dominici, qui dictum ordinem contra hereticos et eorum credentes[10], Spiritu Sancto ordinante, suis temporibus, domino papa Honorio[11] concedente, et domino Fulcone[12], Tholosano episcopo, felicis recordationis adjuvante, ex animo incepit[13] et ordinavit. Non estimet autem quis detractor aut emulus vel invidus hoc dici vel fieri ad extollenciam nostri ordinis personarum ve aliquarum, cum nostram gloriam non queramus, cum nulla sit, set ut successores nostri ordinis et alii quicunque fideles hec inspexerint, sciant

1. Ms. de Carcassonne, *beatissimæ.* F° 1.
2. Ms. de Carcassonne, *necnon.* F° 1.
3. Ms. de Carcassonne, *curiæ cœlestis.* F° 1.
4. Ms. de Carcassonne, *quædam.* F° 1.
5. Ms. de Carcassonne, *memoriæ.* F° 1.
6. Ms. de Carcassonne, *Tolosa.* F° 1.
7. Ms. de Carcassonne, *atque.* F° 1.
8. Ms. de Carcassonne, *Tholosanis.* F° 1.
9. Ms. de Carcassonne, *Prædicatorum.* F° 1.
10. Ces derniers mots, *qui.....,* sont placés à la marge; mais ils sont de la même main qui a transcrit le manuscrit.
11. Ms. de Carcassonne, *Honorio* 3°. — C'est, en effet, du pape Honorius III qu'il s'agit ici (18 juillet 1216 - 18 mars 1227). Ce pape donna plusieurs bulles en faveur des Dominicains : *Nos attendentes,* 22 décembre 1216; *Gratiarum omnium largitori,* 26 janvier 1217; *Justis petentium votis,* 3 février 1217; *Dominico priori S. Romani,* 22 mai 1217; *Magistro et fratribus ordinis Prædicatorum,* 7 novembre 1217; *Ligna pomifera,* 17 décembre 1219; *Gratum gerimus,* 27 février 1220, etc. Potthast, *Regest.*
12. *Gallia christiana,* XIII, 21-25; — la *Chanson de la croisade* contre les albigeois, V. 1026, 1013, 1431, 1437, 3032, 3123, 3254, 3405, 3555, 5070, 5206, 5292, 5535, 5346, 5418, 5482, 5590, 5618, 5556, 6620, 6894, 7049, 7097, 7111, 7128, 7337, 8469, 8525, 8742. — Petr. Vall. Cern., *Historia Albigensium,* IV, VI, IX, XXXVIII, L, LIX, LXIII, LXV, LXVI, LXVII, LXXIII, LXXXV. — Guill. de Podio Laurentii, *Historia Albigensium,* I, VI, XV, XVIII, XXI, XXIX, XXXIV, XXXV, XXXVII. — l'abbé Ulys. Chevalier, *Répertoire,* au mot *Folquet.*
13. Ms. de Carcassonne, *instituit.* F° 1.

que et quanta passi sunt predecessores eorum [1] pro fide et Christi
nomine, laudent Dominum, et inde sumant fideliter audaciam
contra hereticos [2] et omnes alios infideles, et ut ad talia vel ma-
jora, si opus fuerit vel necessitas se obtulerit, se preparent [3]
facienda vel pocius sustinenda.

Post multos siquidem et innumerabiles labores, quos beatus
Dominicus [4] et Fratres qui cum eo fuerunt in predicta [5] terra,
pacienter [6], devote et utiliter [7] perpessi sunt, non defuerunt [8] veri
filii tanti patris, immo [9] surrexerunt filii pro patribus; nec fuerunt filii subtractionis et degeneres sicut filii Efrem, intendentes
et mittentes arcum, qui conversi sunt in die belli, sicut ait Psal-
mus de quibusdam, set videntes negociationem que esset bona,
supposuerunt humeros suos totaliter ad portandum jugum Domini
et onera ecclesie et fidei orthodoxe [10].

Obmissis autem hiis que beatus Dominicus et filii ejus fecerant de
hiis que, post pacem factam Parisius [11], anno Domini M.CC.XXIX [12],
in epdomada [13] sancta, inter dominum regem Francie [14] et Ecclesiam ex una parte, et nobilem virum comitem Raymundum [15] et
suos adjutores ex altera, aliqua que facta sunt fideliter enar-
rabo. Cum enim tunc temporis Ecclesia credidit habere pacem
in terra ista, tunc heretici et eorum [16] credentes magis ac magis

1. Ms. de Carcassonne, *Tamen non hoc dici vel fieri ad gloriam
nostri ordinis personarum ve, cum nostri gloriam non quæramus,
præmittimus, sed ut successores nostri ordinis et alii... fideles hæc
inspexerint sciant qualia passi sunt.* F° 1.
2. Ms. de Carcassonne, *hæreticos.* F° 1.
3. Ms. de Carcassonne, *præparent.* F° 1.
4. Mort à Bologne le 4 août 1221.
5. Ms. de Carcassonne, *prædicta.* F° 1.
6. Ms. de Carcassonne, *manentes.* F° 1.
7. Ms. de Carcassonne, *viriliter.* F° 1.
8. Ms. de Carcassonne, *desinunt.* F° 1.
9. Ms. de Carcassonne, *imo.* F° 1.
10. Ce passage, depuis *Nec fuerunt*, manque dans le manuscrit de
Carcassonne.
11. Pour ce qui regarde la paix dont il est ici question, Guill. de
Podio Laurentii, *Hist. Albig.*, XXXIX.
12. Ms. de Carcassonne, 1229. F° 1.
13. Ms. de Carcassonne, *hebdomada.* F° 1.
14. Saint Louis, encore enfant, sous la régence de Blanche de Castille.
15. Raymond VII, comte de Toulouse, depuis la mort de son père.
16. Ms. de Carcassonne, *horum.* F° 1.

armaverunt se multis conaminibus et astuciis contra eam et contra
catholicos, ita quod[1] etiam multo plura mala fecerunt heretici[2]
in Tholosa et in terris illis, quam tempore guerre[3] fecerant. Quod
videntes fratres ordinis Predicatorum[4] et catholici doluerunt[5].

Missi etiam fuerant[6] tunc Tholosam quamplurimi magistri de
Parisius et scolares[7], ut studium generale[8] ibi fieret, et fides
doceretur ibidem et omnes[9] scientie[10] liberales. Nec hoc valebat
ad heresim[11] extirpandam; immo[12] hereticales[13] homines, videntes[14] eos ex adverso, et insolita audientes, ipsos[15] multipliciter
deridebant.

Manebant tunc fratres Predicatores[16] in domo[17] sancti Romani
in Tholosa quam dominus Fulco, episcopus bone memorie[18], pater
ordinis et amicus, eis dederat[19]. | Sed quia ecclesia illa erat par-

F⁰ 11 B.

1. Ms. de Carcassonne, *ita ut quoã.* F⁰ 1.
2. Ms. de Carcassonne, *hæretici.* F⁰ 1.
3. Ms. de Carcassonne, *guerræ.* F⁰ 1.
4. Ms. de Carcassonne, *Prædicatorum.* F⁰ 1.
5. Ce passage, depuis *Ad gloriam et laudem*, a été reproduit
presque en entier par Percin, *Monumenta conventus Tolosani,
Martyr. Avignon.*, cap. II, 1, 2, 3.
6. Ms. de Carcassonne, *fuerunt.* F⁰ 1.
7. Ms. de Carcassonne, *Quamplurimi magistri de Parisius
scholares.* F⁰ 2.
8. Ms. de Carcassonne, *Theologiæ.* F⁰ 2.
9. Ms. de Carcassonne, *Nec non.* F⁰ 2.
10. Ms. de Carcassonne, *scientiæ.* F⁰ 2.
11. Ms. de Carcassonne, *hæresim.* F⁰ 2.
12. Ms. de Carcassonne, *imo.* F⁰ 2.
13. Ms. de Carcassonne, *hæreticales.* F⁰ 2.
14. Ms. de Carcassonne, *oppugnabant.* F⁰ 2.
15. Ms. de Carcassonne, *ab eis.* F⁰ 2.
16. Ms. de Carcassonne, *Prædicatores.* F⁰ 2.
17. Ms. de Carcassonne, *ecclesia.* F⁰ 2.
18. Ms. de Carcassonne, *episcopus Tholosanus bonæ memoriæ*, f⁰ 2.
19. Percin a reproduit ce passage depuis les mots : *Missi etiam*
(*Mon. conv. Tol.*, Acad. Tol., pars 3ᵃ, cap. VI, 1). Primitivement,
saint Dominique et ses premiers compagnons s'étaient fixés dans
une maison voisine du Château Narbonnais, que Pierre Cellani mit à
leur disposition. (Percin, *Mon. conv. Tol.*, n° 20.) C'est pendant
l'été de 1216 qu'ils quittèrent cette habitation et qu'ils se fixèrent
près de l'église Saint-Romain. Les frères étaient au nombre de seize;
ils construisirent un cloître et des cellules; ils n'y restèrent que

vula et locus angustissimus et ad dilatandum impossibilis, muta-
verunt se fratres in eadem civitate in loco qui dicebatur Ortus
de Garrigiis[1], anno Domini M. CC. XXX., dominica die ante
natale Domini nostri Jhesu-Christi. Ortum vero illum ex parte
civitatis, et alium ex parte Burgi, emit fratribus et dedit dominus Poncius de Capitedenario, burgensis de Tholosa[2].

quinze ans. C'est en 1230 qu'ils se fixèrent dans un endroit plus spa-
cieux, là où s'éleva plus tard leur beau couvent, dont la chapelle est
encore debout. (Bernardi Guidonis, Bibl. de Toulouse, 1re série,
ms. 273, fos 116 B, 117 B.)

1. Ce passage est inintelligible dans le manuscrit de Carcassonne :
*Sed, quia ecclesia erat parva et locus ad dilatandum impossibilis,
si fratres in eadem civitate et loco mansissent, hortus* (mot illisible :
emptus est peut-être) *a Bernardo Raimundi, 1229. Fo 2.*

2. Ms. de Carcassonne : *Anno Domini 1230... die ante Natale Domini Nostri Jesu Christi, huc translati sunt Fratres. Hortum vero
illum ex parte civitatis, et alium ex parte Burgi, emit et dedit
Domino Poncius de Capitedenario, burgensis de Tolosa. Fo 2.* —
Pons de Capdenier était d'une illustre famille de Toulouse ; il avait
été consul à plusieurs reprises, en 1202, 1203, 1204, 1225, 1226 (Arch.
municip. de Toulouse, *Cartulaire du Bourg*, 25, 30, 35, 36, 38, 39, 40,
80, 81, 92, 94, 96, 97 — *Histoire générale de Languedoc*, Éd. Privat,
t. VII, pp. 235, 240 ; t. VIII, p. 476). — M. Ch. Molinier a donné en
note (p. 7, note 2) le récit de cet achat et de cette donation, d'après
B. Gui. Nous avons vérifié ce passage dans l'original, et nous le reproduisons à notre tour : *Anno Domini Mo CCo XXIXo, frater Raymundus de Falgario, de Miromonte, tunc prior provincialis Fratrum Prædicatorum, postmodum vero episcopus Tholosanus, et
frater Johannes de Johanna, prior conventualis Tholose, in domo
Sancti Romani, et dominus Poncius de Capitedenario, de Tholosa,
emerunt in civitate Tholose a Bernardo Raymundi, fuster, unum
ortum, qui dicebatur de Garrigiis in parrochia ecclesie Deaurate,
precio MCC. Sol. Thol., exceptis donacionibus obliarum... Quod totum emit et persolvit prefatus dominus Poncius, et dedit Fratribus
sicut patronus loci, et domina Aurimunda, uxor ipsius, et domina
Stephana, filia ipsorum. Ortus predictus claudebatur ex parte sub-
urbii magno Muro Sarracenico aliquando, et erat turris rotunda
ibi, que fuit Arnaldi Guilaberti et uxoris ejus, Gentilis. Set comes
Montisfortis destruxit turrem et murum et postea dictus A. et uxor
ejus et filii eorum, scilicet Guillelmus de Brugueras, Bernardus
Guillelmi, dederunt locum turris et muri et donaciones obliarum
Fratribus. Johannes vero de Garrigiis et Bernardus et Bertrandus*

Erat autem in illis diebus prior conventualis frater Johannes[1]
de Johannia[2], et prior provincialis frater Raymundus de Falgario
de Miromonte, qui post paucos dies factus fuit episcopus Tholosanus[3], qui et dictam donationem accepit dicti loci, ubi Fratres edi-
ficaverunt domos valde pauperes, parvas et humiles, propter pe-
nuriam loci et defectum expensarum. Nostri etiam fratres valde
tenuem vitam et pauperem in victu pariter et vestitu longo tempore alacriter et devote, pro Christi nomine et plantatione fidei,
deduxerunt[4].

Absoluto priore fratre Johanne predicto[5], factus fuit post eum
prior frater P.[6] de Alesto[7]. Legebat ibi tunc temporis Theologiam magister Rotlandus[8], qui venerat de Parisius, ubi fuerat
factus magister in theologia cathedralis.

*et Brunus fratres dederunt Fratribus nostris amore Dei dominium
quod ibi habebant, et totum dominium quod habebant in orto Petri
de Ulmo ex parte Burgi, scilicet XXII den. et obol. obliarum. Prefatus autem prior provincialis, frater Raymundus, et frater Johannes predictus, et memoratus dominus Poncius emerunt eodem
tempore ortum cum columbario ex parte Burgi a Petro de Ulmo,
et quamdam domum contiguam columbario, et totum constitit DC.
Sol. Thol., exceptis donacionibus obliarum... Istos duos cum columbario et domo que erat ibi contigua, dedit Fratribus nostris in presentia domini Fulconis, episcopi Tholosani, præfatus Poncius,
recipiente pro ordine Raymundo, priore provinciali, et extant inde
publica instrumenta.* (Bibl. de Toulouse, 1re série, ms. 273, fo 112 A.)

1. Ms. de Carcassonne, *Joannes de Johanna.* Fo 2.

2. M. Ch. Molinier (p. 8, note 1) avait pensé avec raison qu'il fallait
lire *Johannia.* cf. Bibl. de Toulouse, 1re série, ms. 273, fos 118 B,
173 A; 2e série, ms. 91, fo 28 C.

3. *Gallia christiana,* XIII, 25-29. *De Falgario* est placé à la marge.

4. *Dedit domina providentia ordini viros robustos ab initio pro
fide usque ad sanguinem debellantes et postea fortiter et feliciter
occumbentes.* (Bibl. de Toulouse, 1re série, ms. 273. fo 10 A.)

5. Ms. de Carcassonne, *prædicto.* Fo 2.

6. Mss. de Carcassonne, *Petrus.* Fo 2.

7. D'Alais.

8. M. Ch. Molinier (p. 8, note 4) a cité deux passages, l'un de
B. Gui, l'autre de G. de Frachet, relatifs à Fr. Rotland. Nous en avons
vérifié l'exactitude, et nous les reproduisons. *Frater Rotlandus,
nacione Cremonensis, in seculo magnus philosophus, et primus de
Fratribus ordinis Prædicatorum licentiatus et doctor Parisius. Hic*

Quadam autem die, cum predicaret[1] quidam frater noster dixit in sermone suo, quod heretici[2] manebant in villa, et faciebant ibi sua consilia et hereses[3] seminabant. Quod audientes homines de villa multum fuerunt inde perturbati et commoti. Unde consules ville[4] vocaverunt priorem ad[5] domum communem, precipientes ei quod diceret fratribus, quod de cetero non attemptarent talia predicare, et valde pro malo haberent, si diceretur quod heretici essent ibi, cum nullus, ut ipsi asserebant, inter eos esset talis. Hec et similia comminantes intulerunt. Tunc magister Rotlandus, hoc audito a priore, respondit et dixit : « Certe nunc oportet quod nos magis ac magis contra hereticos et eorum cre-

Summam quam fecit philosophie sale condidit. Erat enim in theologicis et philosophicis ad plenum eruditus. Et cum semel existens Cremone audiisset a Fratribus quibusdam venientibus de exercitu Friderici tunc obsidentis Brixiam, quod philosophus ejus multum eos confuderat de sua philosophia, de qua nesciverant respondere, succensus zelo ordinis, dixit : « Sternite michi asinum. » Podraguicus enim erat, et pedes ire non poterat. Quod cum factum fuisset, intrans exercitum super asinum cum quibusdam Fratribus, incepit querere ubi esset ille philosophus. Et congregatis multis qui eum noverant et honorabant, magnis et honoratis viris, convocato philosopho, dixit ei : « Ut scias, tu, magister Theodore, quod ordo Predicatorum habet philosophos, ecce do tibi coram istis opcionem, ut obicias vel respondeas de quacunque philosophia volueris. » Qui cum eleg'sset respondenti obicere, ita gloriose unica disputacione de eo tri. phavit, quod ad magnam gloriam cessit ordinis et honorem. (Bibl. de Toulouse, 1re série, mss. 273, fo 14 B.)

Cum magister Rotlandus Cremonensis, de quo in primo libro supra facta est mentio, fecisset de scarlato novas et preciosas vestes, et quadam die sollempnes epulas fecisset cum sociis, et totam illam diem in ludis et vanitatibus et hujusmodi vana leticia transegisset, in sero ad se reversus ait : « Ubi est festum quod fecimus, et leticia cito transit, et in dolorem convertitur. » Sequenti die ordinem est ingressus, in quo multis annis Domino deservivit, vita et fama et scientia et doctrina preclarus. (Bibl. de Toulouse, 1re série, ms. 191, fo 25 A-B. — Quétif, t. I, pp. 125-127.)

1. Ms. de Carcassonne, *prœdicaret*. Fo 2.
2. Ms. de Carcassonne, *hœretici*. Fo 2.
3. Ms. de Carcassonne, *hœreses*. Fo 2.
4. Ms. de Carcassonne, *villœ*. Fo 2.
5. Ms. de Carcassonne, *in domum*. Fo 2.

dentes predicemus[1] ». Quod fecit ipse et alii similiter, viriliter[2] et potenter.

In illis diebus, mortuus est in Burgo Tholose A. Petri, donatus[3] Sancti Saturnini et in morte canonicatus[4] cum superpellicio, et in claustro sepultus[5], qui prius hereticatus fuerat in morte, nescientibus canonicis. Quod ut audivit magister Rotlandus[6], ivit cum fratribus et clericis illuc, et eum extumulatum trahi fecerunt ad ignem et combustus est.

Eodem tempore, est mortuus in dicto Burgo quidam hereticus, Galvannus nomine, archimandrita magnus Valdensium. Quod magistrum Rotlandum non latuit, et publice hoc retulit in sermone, et convocatis fratribus et clero et aliquibus de populo, iverunt confidenter[7] ad domum ubi dictus hereticus obierat, et eam funditus destruxerunt, et fecerunt eam locum sterquilinii, et dictum Galvannum extumulaverunt, et de cimiterio Villenove[8], ubi sepultus fuerat, extraxerunt. Corpus vero illius per villam cum ingenti processione traxerunt, et in loco communi extra villam combusserunt. Hoc ad laudem Domini nostri Jhesu Christi et beati Dominici actum est, et ad honorem Romane et Catholice ecclesie, matris nostre, anno Domini M.CC.XXXI[9].

Eodem tempore, defuncto domino Fulcone, episcopo Tholosano, in die Natalis Domini sub eodem anno Domini M.CC.XXXI, electus est in episcopum Tholosanum dominus frater Raymundus

---

1. Ms. de Carcassonne, *præcipientes, cœtero, attentarent, prædicare, hæretici, Hœc, Rollandus, despexit, hæreticos, prædicemus.* F° 2.

2. Ms. de Carcassonne, *simul cum eo viriliter.* F° 2.

3. Ms. de Carcassonne, *in Burgo Joannes Petrus Donatus.* F° 2.

4. Ms. de Carcassonne, *hæreticatus.* F° 3.

5. Ms. de Carcassonne, *et ibidem in claustro sepultus.* F° 3.

6. Ms. de Carcassonne, *hæreticatus, Rollandus.* F° 3.

7. Ce mot manque dans le manuscrit de Carcassonne.

8. Situé probablement à l'endroit appelé aujourd'hui *Place Lafayette.* (Chev. du Mège, *Hist. des inst. de Toulouse,* t. I, pp. 237, 328; t. IV. pp. 586, 587; — P. Meyer, la *Chanson de la croisade,* t. II, p. 271, note 1. — Ch. Molinier, p. 11, note 1.)

9. Ms. de Carcassonne, *Jesu, Romanœ, catholicœ, ecclesiœ, nostrœ,* 1231.

de Falgario¹ de Miromonte, prior provincialis, et intronisatus in
sede, dominica in Quadragesima, qua cantatur *Lætare Jheru-
salem*, et frater Romeus² factus est prior provincialis in provincia Provencie.

In illis diebus, absolutus est a prioratu frater Petrus de Alesto,
et magister Rotlandus recessit de Tholosa³, et ivit ad terram suam,
et in loco⁴ ejus legit theologiam in Tholosa magister Johannes de
Sancto Egidio⁵, vir bonus et sanctus, et facies ejus et vita ejus
gratiosa. Qui magister fuerat in theologia Parisius cathedralis.

Factus est etiam prior Tholose⁶ frater Poncius⁷ de Sancto   Fº 11 C.
Egidio, qui viriliter et potenter se habuit in negotio fidei contra
hereticos cum fratre Petro Cellani⁸, qui erat de Tholosa, et fratre
Guillelmo Arnaldi, jurisperito⁹, qui erat de Montepessulano. Quos
dominus legatus ¹⁰ fecit inquisitores contra hereticos in Tholosana
dyocesi similiter et Caturcensi ¹¹.

1. Placé à la marge dans le manuscrit d'Avignon.
2. Il mourut à Carcassonne en 1261, laissant la réputation d'une
grande sainteté. *Obdormivit in Domino, cordulam cum nodulis,
quibus mille* Ave Maria *in die numerare solitus erat, firmiter
manu tenens.* (Bibl. de Toulouse, 1ʳᵉ série, ms. 273, fº 66|A.) On grava
ces mots sur la tombe :

> HÆC SUNT IN FOSSA FRATRIS VENERABILIS OSSA
>   DICTI ROMEI, QUI FUIT ARCHA DEI.
>   HIC JHESUM QUE PIAM DILEXIT VALDE MARIAM.

(*Ibid.*, fº 66 B. Cf. fᵒˢ 43 A, 65 B.)
3. Ms. de Carcassonne, *Rollandus, Tolosa*. Fº 3.
4. Ms. de Carcassonne, *locum*. Fº 3.
5. Ms. de Carcassonne, *Joannes de Sancto Ægidio*, fº 3. — Quétif
et Echard, *Scriptor. Ord. Prædicat.*, t. I, p. 100; — *Cronica ordinis
Fratrum Prædicatorum*, Bibl. de Toulouse, 1ʳᵉ série, ms. 191,
fº 49 C; — ms. 273, fº 36 A. — *Hist. littér. de la France*, t. XVIII, p. 444.
6. Ms. de Carcassonne, *Tholosæ*. Fº 3.
7. Ms. de Carcassonne, *Joannes*. Fº 3.
8. Celui-là même qui avait donné à saint Dominique les deux maisons voisines du Château Narbonnais, et habitées d'abord par les
Frères. (Voir sur lui : *Layettes*, nᵒˢ 830, 831, 1117, 1118; — Bibl. de
Toulouse, 1ʳᵉ série, ms. 273, fᵒˢ 53 A, 116 A, 128 A, 129 A, 141 A; —
Percin, *Monumenta convent. Tolos. Inquis.*, pars 3ᵃ; — Quétif, t. I, p. 11.
9. Ce mot manque dans le manuscrit de Carcassonne.
10. Ms. de Carcassonne, *papa*. Fº 3.
11. Ms. de Carcassonne, *hæreticos, diœcesi, Cadurcensi*. Fᵃ 3.

Fecit etiam dominus legatus, archiepiscopus, Viennensis [1],
fratrem Arnaldum Cathalanum [2], qui erat tunc de conventu Tholosano, inquisitorem contra hereticos [3] in dyocesi Albiensi, in qua
viriliter et intrepide contra hereticos [4] predicavit et inquisitionem, sicut melius potuit facere, attemptavit [5]. Verumptamen
credentes hereticorum quasi nihil volebant dicere illo tempore,
immo colligabant se ad negandum. Duos tamen hereticos condempnavit [6] vivos, scilicet Petrum de *Pug Perdutz*, id est, de
Podioperdito, et Petrum *Bo Macip* [7], seu Bonimancipii; et ambo
fuerunt combusti diversis temporibus.

Quosdam alios mortuos condempnavit [8], et trahi fecit et comburi. Unde moti Albienses voluerunt eum submergere in fluvio
Tarni, et percussum, laniata veste, facie sanguinolenta, ad ins-
tanciam quorumdam, dimiscrunt eum. Ipse vero, quando trahe-
batur, clamabat : « Benedictus sit Dominus Jhesus Christus [1]. »
Anno Domini M.CC.XXXIIII, in epdomada Penthecosten [9].

Postmodum vero venerunt eis multa infortunia, tempore fratris
Ferrarii inquisitoris [10], qui multos ex eis cepit et immuravit, et
etiam comburi fecit, justo Dei judicio operante.

1. Jean de Burnin, *Gall. christ.*, XVI.
2. Ms. de Carcassonne, *Catalanum.* F° 3.
3. Ms. de Carcassonne, *hœreticos.* F° 3.
4. Depuis *in dyocesi*, ce passage manque dans le ms. de Carc. F° 3.
5. Ms. de Carcassonne, *attentavit.* F° 3.
6. Ms. de Carcassonne, *verumtamen, hœreticorum, hœreticos,
condemnavit.* F° 4.
7. Ms. de Carcassonne, *puech perdut, bo massipio.* F° 4.
8. Ms. de Carcassonne, *condemnavit.*
9. Ces mots, *anno Domini*, etc., sont placés à la marge dans le
manuscrit d'Avignon.
10. Percin, *Monum. conv. Tolos., Inquisit.*, pars 3ᵉ, p. 109. — Bouges, *Hist. de Carcas.*, p. 479. — *Primus prior in conventu Fratrum
Predicatorum Carcassonnensi fuit frater Ferrarius, nacione Ca-
thalanus, oriundus de Villalonga, prope Pirpinianum, institutus
in capitulo provinciali Montispessulani, anno Domini M. CC. LII.
Prefuit anno dimidio, translatus que fuit inde ad prioratum Bi-
terrensem infra annum. Hic fuit inquisitor et persequtor hereticorum constans et magnanimus, in virga ferrea malleans et confrin-
gens eos cum fautoribus et credentibus eorumdem, adeo quod
nomen ejus quasi gladiosum in auribus hereticalium resonat. Hic*

Erant etiam præter predictos, tunc temporis, de conventu Tholosano, frater Mauricius [1], contra hereticos optimus predicator [2], Fr. dominicus de Baredge, Fr. Jo. de Sto. Michaele, Fr. Gaufridus, Anglicus, magnus clericus, Fr. Nicholaus, Fr. Stephanus Methensis, Fr. Stephanus de Salhnihaco Lemovicensis, Fr. B. Petragoricencis, Fr. Luchas Amadyensis, Fr. Bertrandus de Pineto, Fr. Gus de Sancto Amanancio, Fr. Jo. de Alesto, supprior, Fr. B. de Sancto Fregulfo, Fr. P. de Sancto Laurencio, Fr. Odo, Fr. P. de Sorers, Fr. Gus Pelhisso Tholosanus, et multi alii, juvenes, probi, studentes et religiosi. Fuit etiam postea ibi in illis dyebus Fr. P. de Marselhano, supprior, vir prudens et religiosus, Fr. B. de Martiribus, Fr. Raymundus de Fuxo, Fr. Guido Navarra, Lemovicensis, Fr. Girannus et Fr. Raymundus de Villario, isti duo, antiqui in ordine; et frater Rodericus. Erant enim fratres in conventu tunc temporis amplius quam XL.

Deprimebantur autem illis temporibus in terra illa catholici, et persequutores hereticorum in multis locis occidebantur, licet dominus Raymundus comes promisisset in forma pacis, quod per quinquennium daret, pro unoquoque heretico vel heretica, illi qui eos caperet duas marchas argenti, et post quinquennium unam tantum. Quod et factum fuit multoties. Sed majores de terra et potenciores milites et burgenses et alii defendebant dictos hereticos et celabant, et persequutores eorum percutiebant, vulnerabant et occidebant, quia consilium principis erat corruptum in fide nota-

---

obiit et quiescit in Pirpiniano, ut audivi dici. (Bibl. de Toulouse, 1re série, ms. 273, fo 156 A. — Quétif, t. I, p. 349.)

1. Quum Fratres Minores de Albia, in Provincia, diu laborassent ad querendam aquam et minime invenissent, supervenit frater Mauricius, de conventu Tholosano, missus ad prædicandum, Alvernus natione, nobilis genere, corde humilis, habitu vilis, verus sancte paupertatis amator, et contra hæreticos fervens et eficax predicator. Qui Fratrum labori compatiens, Dominum invocans, ostendit eis locum, dicens : Hic, in nomine Jhesu Christi, fodite, et invenietis. Statim ibi foderunt puteum, qui usque hodie manat, aquam prebens habundantem et sanam. (Bibl. de Toulouse, 1re série, ms. 191, fo 34 C.)

2. Tout ce qui suit, jusqu'à la fin du paragraphe, manque dans le manuscrit de Carcassonne, et est remplacé par des points... Fo 4.

biliter, et ideo multa mala fiebant in terra contra Ecclesiam et fideles.

Accidit tunc[1] quod quidam civis Tholosanus, B.[2] Pictavini nomine, ut creditur, catholicus, cum alio suspecto de heresi[3], nomine Bernardo de Solaro[4], fibulario[5], rixam habuit, et n cursu verborum vocavit eum hereticum. Unde alius conquestus est consulibus de illato improperio, et alius, adductus ad consilium, vituperatus fuit verbis et minis a multis credentibus hereticorum, qui tunc consulatum et villam in potestate sua detinebant. Tandem condempnatus fuit ad exilium per aliquos annos, et ad pecuniam dandam illi Bernardo pro injuria || et consulibus ville pro communitate, et quod juratus pronunciaret illum in domo communi virum probum et catholicum, et se mentitum fuisse de predictis. Quod alter audiens doluit quamplurimum de pecunia et maxime, ut asserebat, de perjurio, quia contra conscientiam hoc diceret ; et de dedecore sibi et aliis Catholicis et Ecclesie[6] irrogato. Tunc petiit inducias consilii. Quibus datis, venit ad fratres et petiit consilium et juvamen. Fratres vero dixerunt ei, quod appellaret ad dominum episcopum, quia causa erat fidei, et ipsi tunc viriliter eum defenderent et potenter. Et ipse, sequtus eorum sanum consilium, ita fecit. Nec mora, venerunt ambo coram domino episcopo Raymundo, et ille hereticalis adduxit secum ad curiam quamplurimos burgenses et majores de villa et advocatos, qui omnes stabant pro illo, et contra alium potenter et clamose jangulabant. Ille vero adduxit secum contra alium testes fideles et fratres Petrum Cellani et Guillelmum Arnaldi, qui eum viriliter defenderunt, in tantum quod subcubuit[7] ille miser et fugit in Lombardiam, et adjutores ejus remanserunt confusi. Benedictus Deus et beatus Dominicus, servus ejus, qui ita defendit suos !

1. *Tunc* manque dans le manuscrit de Carcassonne. F° 4.
2. Ms. de Carcassonne, *Bernardi.* F° 4.
3. Ms. de Carcassonne, *hæresi.* F° 4.
4. Ms. de Carcassonne, *solario.* F° 4.
5. Fabricant de boucles, probablement.
6. Mss. de Carcassonne, *hæreticum, obstinebant, condemnatus, prædictus, Ecclesiæ.* F°s 4-5.
7. Ms. de Carcassonne, *succubuit.* F° 5.

Eodem tempore, inquisitores fecerunt inquisitionem suam in Tholosa[1], et citaverunt plures de Villa[2] coram se : inter quos fuit quidam de suburbio[3], nomine Johannes Textor. Hic similiter sicut alius, multos de majoribus ville hereticalibus[4] habuit defensores. Dicebat enim iste[5] maledictus Johannes coram omnibus : « Domini, audite me. Ego non sum hereticus, quia uxorem habeo, et cum ipsa jaceo; et filios habeo, et carnes comedo, et mentior et juro, et fidelis sum Christianus. Ideo non sustineatis ista[6] mihi dici, quia Deum bene credo. Et ita poterunt vobis obicere sicut mihi. Cavete vobis, quia isti mali homines villam et probos homines volunt destruere et auferre Villam domino. » Tunc processum est contra eum in tantum, quod receperunt[7] fratres testes contra dictum Johannem, ita quod in claustro fratrum publice presens, coram vicario et aliis multis fuit sollempmiter[8] condemnatus. Et cum vicarius, scilicet Durandus de Sancto-Barcio[9], vellet eum ad ignem trahere, clamaverunt contra eum illi qui eum defendebant ne aliquo modo hoc faceret, et murmurabant fere omnes contra fratres et vicarium. Tunc ductus fuit Johannes predictus[10] a vicario ad domum episcopi et in carcere positus, quia adhuc dicebat se bonum esse christianum et catholicum.

Tunc commota est villa valde contra fratres, et mine[11] et verba multa fuerunt contra eos supra modum, et multi hereticales[12] incitabant populum ut lapidarent fratres, et domus eorum omnino diruerentur[13], quia probos homines, ut dicebant, et conjugatos

---

1. Ms. de Carcassonne, *Tolosa*. F° 5.
2. Ce mot manque dans le manuscrit de Carcassonne.
3. De même celui-ci.
4. Ms. de Carcassonne, *villæ hæreticalibus*. F° 5.
5. Ms. de Carcassonne, *ipse*. F° 5.
6. Ms. de Carcassonne, *ita*. F° 5.
7. Ms. de Carcassonne, *receperant*. F° 5.
8. Ms. de Carcassonne, *solemniter*. F° 5.
9. *Layettes*, n°° 1948, 1940, 2369.
10. Ms. de Carcassonne, *Joannes prædictus*. F° 5.
11. Ms. de Carcassonne, *minæ*. F° 5.
12. Ms. de Carcassonne, *hæreticales*. F° 5.
13. Ms. de Carcassonne, *et domos eorum diruerunt*. F° 5.

accusabant injuste de heresi. Et sic faciebant multa consilia contra fratres.

Erant enim in illis diebus multi crucessignati ad transfretan-
dum propter illa que commiserant contra fidem, et quidam alii
in aliis penitentiis a domino Romano, apostolice sedis legato[1],
denotati[2], quia eos Guillelmus de Consolario, conversus ab heresi[3], discohoperuerat, et isti cum aliis quampluribus semper
contra Ecclesiam et Catholicos repugnabant[4]. Dominus vero
Deus, qui semper scit juvare in tribulationibus, juvit fratres mi-
rabiliter, ad quem totaliter recurrerant, orantes et deprecantes
ut fidem suam et ecclesiam ab impiis custodiret et in illo facto
sine confusione conservaret.

Accidit itaque in illis diebus, quod Guillelmus Denense, bajulus in terra Vauri[5] pro domino Raymundo, comite Tholosano,
adduxit quosdam hereticos quos ceperat et reddidit eos domino
episcopo Tholosano, et fuerunt positi in carcere, ubi dictus Jo.
Textor erat. Ille vero Jo. fingebat se infirmum[6] et petebat ins-
tanter, ficte tamen, corpus Christi. Quando autem vidit hereticos
F° 12 A. juxta se et eos plene cognovit, reddidit se eis, et hereticaverunt[7]
eum. Quando etiam extracti fuerunt inde[8] heretici[9] ut examina-
rentur, dixit Johannes quod ipse volebat exire cum eis et viam
eorum sequi in omnibus. Tunc dominus episcopus Raymundus
fratres et consules et vicarium et multos alios probos viros et
quamplurimos hereticales vocavit ad se in curia sua, et fecit
extrahi de carcere Johannem cum hereticis, et coram omnibus
examinati sunt heretici et condempnati, et dictus Jo. cum eis,
quia confessus fuit coram omnibus, quod ipse ita credebat per

---

1. *Layettes*, n°° 1743, 1752, 2023, 2024, 2025, 2028. — G. de Podio-
Laurentii, *Hist. Albig.*, XLI.
2. Ms. de Carcassonne, *damnati*. F° 5.
3. Ms. de Carcassonne, *hæresi*. F° 5.
4. Ce qui suit, jusqu'à la fin du paragraphe, manque dans le manuscrit de Carcassonne.
5. Lavaur, chef-lieu d'arrondissement (Tarn).
6. Ms. de Carcassonne, *fingebat se esse infirmum*. F° 6.
7. Ms. de Carcassonne, *hæreticaverunt*. F° 6.
8. Ms. de Carcassonne, *iidem*. F° 6.
9. Ms. de Carcassonne, *hæretici*. F° 6.

omnia sicut predicti heretici [1], et viam eorum volebat sequi, et
cum pluries ab episcopo et fratribus esset admonitus ut resiliret,
noluit redire ad fidem nostram. Tunc omnes qui eum ante defendebant confusi condempnaverunt eum publice ad minus verbo
tenus et maiedixerunt ei; et combustus fuit cum aliis insimul [2].
Per omnia benedictus Deus, qui liberavit fratres qui erant in
magno periculo, et magnificavit fidem suam coram inimicis ejus.
Unde gavisi sunt valde catholici, et hereticales confusi et confutati.

Eodem tempore, fratres inquisitores, scilicet frater P. Cellani
et frater Guillelmus Arnaldi, fecerunt inquisitionem in Caturco
contra hereticos, et condempnaverunt ibi [3] aliquos defunctos, quos
trahi fecerunt per villam et comburi. Hymbertum etiam de Castronovo condempnaverunt mortuum; sed filius suus furatus fuit
eum de cimiterio, et non fuit inventus. Raymundus de Broelas
magnus credens hereticorum aufugit, et veniens Romam, sub-
mersus est [4] in Tyberim.

Fecerunt etiam dicti fratres inquisitionem in Moysiaco, et Johannem [5] de Garda condempnaverunt vivum; et, fugiens ad Montem-
securum [6], factus est ibi hereticus perfectus, et postmodum ibidem
combustus cum aliis CCX hereticis [7]. Falquetum [8] etiam, de Moysiaco, citaverunt; et ipse, timens, fecit se monachum in abbatia de
Bellapertica [9]. Ipsi vero nichilominus processerunt contra eum.
Quod ille audiens, aufugit in Lombardiam. Johannes Christofols,
advocatus de Moysiaco, citatus fugit similiter in Lombardiam [10].
Tunc inquisitores condempnaverunt eos tanquam hereticos con-

1. Ms. de Carcassonne, *hæretici*, *Joannes*, *hæreticales*, *condemnati*. F° 6.
2. Ce qui suit, jusqu'à la fin du paragraphe, manque dans le manuscrit de Carcassonne.
3. Ms. de Carcassonne, *illic*. F° 6.
4. *Est* manque dans le manuscrit de Carcassonne.
5. Ms. de Carcassonne, *Joannem*. F° 6.
6. Ms. de Carcassonne, *Montemsegurum*, f° 5. Montségur, canton
de Lavelanet (Ariége), un des derniers refuges de l'hérésie.
7. Ms. de Carcassonne, 210 *hæreticis*. F° 6.
8. Ms. de Carcassonne, *Folquetum*. F° 6.
9. Belleperche, abbaye de Cisterciens, diocèse de Montauban.
(*Gall. christ.*, XIII, 259.)
10. Cette phrase manque dans le manuscrit de Carcassonne.

7

tumaces; et factus est timor magnus inter hereticos et credentes eorum in terra.

In illis diebus, dum inquisitores predicti erant in diocesi [1] Caturcensi, frater Arnaldus Cathalani erat cum fratre Guillelmo Pelhisso in Albia facientes inquisitionem contra hereticos, ubi XII de civitate illa crucessignaverunt ad eundum ultra mare. Et P. de Podio Perdito et P. Bo Macip condempnaverunt vivos dictus frater A. scilicet et magister Guillelmus de Lombers, collega ejus. Qui combusti fuerunt ad terrorem multorum hereticorum et exaltationem fidei Jhesu Christi.

Interea, frater Poncius de Sancto Egidio, prior Tholose, pluries citari fecit Arnaldum Sancii [2], fabrum de Cruce Baranhonis [3], et contra eum recepit multos testes juratos coram eo, qui deposuerunt multa contra eum que fecerat contra fidem. Ipse vero negavit omnia, nichil aliud dicens ad sui defensionem [4], nisi quod non erat verum. Quod videns prior et fratres [5], habito consilio sapientum qui aderant, quia magnus credens erat hereticorum, condempnavit eum tanquam hereticum, in presentia predicti vicarii et aliorum multorum fidelium. Quod videns dictus Durandus vicarius duxit eum ad ignem, quia nolebat hereses confiteri, licet ipse Arnaldus clamaret per plateas, quando ducebatur [6] : « Videte omnes quam injuriam faciunt michi et ville, quia ego bonus christianus sum, et credo fidem romanam. » Et multa talia ad excusationem suam ingeminabat conclamando. Unde commoti sunt multi de populo contra fratres et vicarium, et nichilominus vicarius combussit eum. Semel expavefacti et tremebundi plures de populo scientes se reos [7] timebant valde sibi, et conculsa [8] est tota villa Tholose.

F° 12 B.

1. Ms. de Carcassonne, *in diœcesi*. F° 6.

2. Ms. de Carcassonne, *Sancerii*. F° 7.

3. Aujourd'hui, une rue avoisinant Saint-Étienne s'appelle, à Toulouse, *rue Croix-Baragnon*.

4. Ms. de Carcassonne, *deffensionem*. F° 7.

5. Nous ne voyons pas pourquoi M. Ch. Molinier (p. 22) a ajouté des points... qui ne sont pas, au reste, dans le ms. de Carcass. F° 7.

6. Le manuscrit de Carcassonne ajoute *ad ignem*. F° 7.

7. *Fatentes se reos* manque dans le manuscrit de Carcassonne.

8. Ms. de Carcassonne, *Conquesta*. F° 7. — Percin a lu de même *Conquesta* (*Martyr. Avenio*, cap. II, 11-14.)

Anno domini M. CC. XXXIIII, canonizatio corporis beati Dominici, patris nostri, nuntiata fuit Tholose, et dominus frater Raymundus de Miromonte, episcopus Tholosanus, celebravit missam sollempniter primo in domo fratrum predicatorum Tholose, et, completo devote et sollempniter divino officio, lavaverunt manus, ut comederent in refectorio, scilicet[1] dominus episcopus et familia ejus et fratres. Tunc, divina Providentia ministrante, meritis beati Dominici, cujus festum celebrant, venit quidam de villa ad priorem, antequam intrarent[2] ad refectorium, et dixit ei quod quidam heretici intraverant ad quamdam infirmam hereticandam, ibi prope, in vico qui vocatur l'*Olmet sec*[3]. Tunc prior dixit hoc episcopo; et statim, antequam comederent, iverunt illuc, scilicet ad domum Pictavini Borsier, qui fuerat diu nuntius quasi[4] generalis hereticorum in Tholosa. Socrus enim Pictavini tenebatur magnis febribus, vel ad minus magna detinebatur infirmitate. Et tunc fuit qui diceret dicte infirme : « Domina, videatis quod dominus episcopus venit ad vos. » Et, quia subito intravit episcopus cum aliis, non potuit aliud[5] notificare sibi. Episcopus autem, sedens ante[6] infirmam, cepit ei multa dicere de contemptu mundi et terrenorum. Et quia illa intellexerat forsitan de episcopo hereticorum sibi dictum fuisse quod visitaret eam, ideo quia jam hereticata[7] erat, liberius respondit de omnibus episcopo. Ipse vero dominus episcopus cum cautela magna extraxit ab ea in multis articulis quod credebat, et fere totum sicut credunt heretici. Tunc addidit ei episcopus : « Vos de cetero non debetis mentiri, nec multum curare de vita ista misera; » et talia hujusmodi. « Ideo dico ut sitis constans in credulitate vestra, nec timore mortis debetis aliud confiteri, nisi sicut in corde creditis firmiter et habetis. » — Quod illa audiens, dixit : « Ita credo, domine, sicut dico, nec propter modicam vitam mise-

---

1. Ce mot manque dans le manuscrit de Carcassonne.

2. Ms. de Carcassonne, *intraret*. F° 7.

3. En marge : *Ulmetus Sicca*. L'*Orme-Sec,* aujourd'hui *rue Romiguières.*

4. *Quasi* manque dans le manuscrit de Carcassonne.

5. *Aliud* manque dans le manuscrit de Carcassonne.

6. *Ante* manque dans le manuscrit de Carcassonne et a été remplacé par des points.

7. Ms. de Carcassonne, *cœpit, hereticorum, hœreticata.* F° 7.

ram meam mutabo propositum. » — Tunc dixit episcopus : « Vos
ergo estis heretica, quia hec est fides hereticorum quam confessa [1]
estis, et sciatis pro certo quod hereses sunt manifeste et dampnate. Dimittatis omnia ista, et credatis sicut credit romana et
catholica ecclesia. Ego enim sum vester episcopus Tholosanus,
et predico fidem romanam catholicam, quam volo et moneo
quod credatis. » Hec et multa talia dixit ei coram omnibus, et eam
pluries super hoc monuit, nec quantum ad ipsam aliquid profecit ; immo magis in heretica obstinacia perseveravit. Tunc episcopus, convocato statim vicario et multis aliis, in virtute Jhesu
Christi, eam hereticam condempnavit [2]. Vicarius autem eam, cum
lecto in quo erat, sic ad ignem ad Pratum Comitis portari et statim eam comburi fecit. Captus est tunc [3] Pictavinus, gener ejus,
qui erat nuncius et procurator hereticorum in Tholosa, et Bernardus Aldrici, de Trito Milio [4], qui erat socius ejus. Qui confessi
sunt multa de heresi postea, et multos et magnos viriliter discohoperuerunt. Episcopus vero et fratres et socii, hoc completo,
venerunt ad refectorium, et que parata erant cum leticia comederunt, gratias agentes Deo et beato Dominico. Hec operatus est
Dominus in prima sollempnitate beati Dominici, ad gloriam et
laudem nominis sui et servi sui, beati Dominici, et exaltationem
fidei, et depressionem hereticorum [5] et credencie eorumdem [6].

Anno Domini M.CC.XXXV°, in parasceve sancta, venerunt multi
ad confessionem de facto hereticorum, et in tantum occupabantur
fratres quod non poterant suficere ad audiendum ; unde vocati
fuerunt aliqui fratres Minores et capellani parrochiales de villa,
qui presentes essent ad audiencias [7]. Tunc prior cepit quosdam de

1. Ms. de Carcassonne, *confessi*. F° 7.
2. Ms. de Carcassonne, *hæretici, cætero, aliud, hæc, prædico,
imo, condemnavit*. F° 7.
3. *Hic* dans le manuscrit de Carcassonne.
4. Drémil, dans le canton Sud de Toulouse.
5. Ms. de Carcassonne, *hæresi, discooperuerunt, lætitia, hæc,
solemnitate*. F° 8.
6. B. Gui, racontant ces événements, a reproduit le récit de
G. Pelhisso. (Bibl. de Toulouse, 1ʳᵉ série, ms. 55, f° 2 D; ms. 273,
f° 8 E, f° 9 A). Percin s'inspira de l'un et de l'autre (*Monum.*, p. 49.)
7. Ms. de Carcassonne, *suficere, audientias*. F° 8.

villa qui nolebant gratis venire, adjuncto sibi || vicario Tholosano:
inter quos fuit quidam cervinerius[1], Arnaldus Dominici nomine.
Hic, cum vidisset quod vicarius minabatur sibi mortem, nisi plene
discohoperiret hereticos, timore perterritus, promisit reddere XI
hereticos quos sciebat, et data est ei spes liberationis. Et tunc
duxit dominum Petrum de Mala Fayda[2], abbatem Sancti Saturnini,
et dominum vicarium cum quidusdam armatis[3] usque ad castrum
quod dicebatur Cassers[4], et ibi ceperunt VII hereticos; ceteri vero
evaserunt adjutorio rusticorum dicti castri. Dictus Arnaldus Dominici confessus est et dimissus. Postmodum vero, interfectus
fuit a credentibus hereticorum apud Agassoylh[5], de nocte, in lecto
suo, in terra de Lantaresio[6].

Dictus abbas cum vicario cepit Petrum Guillelmum de Lort, in
burgo Sancti Saturnini, in domo sua, qui erat magnus credens
hereticorum, et cum vellent eum secum ducere, Raymundus Rotgerii[7], major scilicet natu et malitia, et P. Esquivati, cum quibusdam aliis de Burgo, abstulerunt eum de manibus eorum. Qui,
postea fugiens, non comparuit, et, sicut credo, condempnatus fuit
sicut hereticus. Hujusce.nodi factum audientes inquisitores venerunt omnes Tholosam, et multos vocaverunt ad confessionem,
dantes eis tempus gratie, infra quod si bene et plene confiterentur
sine fraude, dabant eis spem firmam quod non immurarentur nec
exularent, nec admitterent[8] bona sua, quia dominus comes Raymundus concesserat fratribus, quod quicunque penitens[9] confite-
retur veritatem nichil admitteret[10]. Quod experti fuerunt postmodum qui integre sunt confessi.

In illis diebus, tracti fuerunt quidam mortui hereticati per vil-

1. Ms. de Carcassonne, *Servicosus*. F° 8.
2. Ms. de Carcassonne, *Malafayra*. F° 8.
3. *Cum quibusdam armatis* manque dans le ms. de Carcassonne.
4. *Les Cassés*, canton de Castelnaudary (Aude).
5. C'est l'orthographe des deux manuscrits. On ne voit pas pourquoi M. Ch. Molinier (p. 26) a écrit *Agaffoylh;* peut-être est-ce pour
pouvoir traduire *Aigrefeuille.*
6. Lanta.
7. Ms. de Carcassonne, *Rogeri*. F° 9.
8. Ms. de Carcassonne, *amitterent*. F° 9.
9. Ms. de Carcassonne, *pœnitens*. F° 9.
10. Ms. de Carcassonne, *Nihil amitteret*. F° 9.

lam et combusti, scilicet Bertrandus Peyriers et quidam alii : et
commota est tota civitas et turbata contra fratres propter inquisitionem, et miserunt ad comitem. Qui veniens rogavit inquisitores quod cessarent[1] ad tempus, amore ipsius, ponens suas frivolas rationes. Quod illi facere noluerunt. Tunc comes conquestus
est de ipsis legato, dicens etiam quod frater P.[2] Cellani, qui fuerat
de curia patrum suorum et civis Tholosanus, modo erat inimicus ejus, et impetravit cum[3] legato, quod de cetero non esset
dictus frater P. inquisitor in dyocesi Tholosana, sed tantum in
Caturcinio. Tunc frater P., absolutus a parte ista, fecit inquisitionem cum fratre Poncio Delmont et fratre Guillelmo Pelhisso,
sibi associato in episcopatu Caturcensi, ubi, multa castra discurrentes et villas multas, confessiones de heresi receperunt, et
in libris memorie commendaverunt[4].

Eodem tempore, frater Guillelmus Arnaldi, inquisitor, ivit
Carcassonam, cum quodam archidiacono sibi ad hoc adjuncto[5];
citavit B. Othonis de Niort, nobilem virum, dominum de Lauraco, et Guillelmum de Niort, fratrem ejus, et Geraldum et matrem
eorum[6]. Ad quam citationem dictus B. Otho et Guillelmus comparuerunt; sed nichil de heresi confiteri voluerunt, et accipientes
comeatum[7] recesserunt. In crastinum autem senescallus regis
Francie[8] cepit eos, et in civitate Carcassone detenti, multocies
admoniti, Bernardus Otho noluit confiteri, quamvis contra eum
multa invenirentur contra fidem et multe hereses. Et ideo, habito
consilio et tractatu, dicti inquisitores condemnaverunt eum tanquam hereticum[9]. Guillelmum vero de Niort, quia confessus fuit,

1. En marge du ms. d'Avignon : *Nota quomodo cessavit inquisitio
ad tempus.*
2. Ms. de Carcassonne, *Petrus*. F° 9.
3. Les deux manuscrits portent *cum*. M. Ch. Molinier a écrit *a legato*.
4. Cf. Percin, *Monum.*, p. 50; — *Martyr. Avenion.*, cap. II, 16, 17.
5. Bien que les Dominicains eussent reçu les pouvoirs de juger,
cependant le juge ordinaire, c'est-à-dire l'évêque, n'avait perdu aucun de ses droits; il les exerçait par lui ou par ses délégués.
6. *Layettes*, n° 2241. — Niort, canton de Belcaire, arrondissement
de Limoux (Aude).
7. Ms. de Carcassonne, *Nihil, hœresi, commuatum.* F° 9.
8. Ms. de Carcassonne, *Franciœ* — Le sénéchal s'appelait J. de
Frichaus. (*Layettes*, n° 2459.)
9. Ms. de Carcassonne, *Multœ, hœreses, hœreticum.* F° 9.

sed non gratis, captum detinuerunt, et dictum Bernardum similiter; et cum senescallus voluisset eum comburere, terrarii[1] Gallici, excepto marescallo de Miraspisce[2], dissuaserunt ei, timentes
quod haberent guerram inde. Geraldus vero de Niort, frater ejus,
munivit || castrum de Lauraco et de Niort et terram aliam quam   Fᵒ 12 D.
potuit; unde citatus a dictis inquisitoribus ipse et mater ejus
noluerunt comparere, et idcirco ab ipsis fuerunt condempnati.
Fuerunt etiam illis diebus plures alii clerici et layci condempnati.

Frater Guillelmus Arnaldi, inquisitor prefatus[3], rediens Tholosam, citavit XII credentes hereticorum de Tholosa, scilicet
Sycardum de Gamevila[4] vel de Tholosa, militem, A. Guidonem
Veterem[5], Raymundum de Mirapisce et Vitalem medicum[6] de
Cassamilh, Maurandum Veterem, B. Sigarii[7], R. Centuili[8],
R. Rotgerium majorem, et quosdam alios, qui noluerunt comparere nec respondere de fide, immo[9] et minas et terrores intulerunt
nisi[10] desisteret[11] ab inceptis. Et videntes quod non dimittebat
eos, sed volebat procedere contra ipsos, consilio habito, cum vo-
luntate et asscnsu comitis Tholosani, mandaverunt ei quod exiret
villa[12] aut ab inquisitione cessaret. Ille vero habuit consilium a
fratribus, quod nullo modo cessaret, sed procederet viriliter contra eos. Tandem consules Tholose et eorum complices, facto im-

---

1. Ms. de Carcassonne, *terrore ii Gallici*. Fᵒ 9.

2. Gui II de Lévis. Gui Iᵉʳ était mort le 14 février 1219; Gui II mourut le 21 octobre 1247. (*Explication du titre de maréchal de la Foy
et de marquis de Mirepoix*, par G. Besse, manuscrit du château de
Léran, fᵒ 26.)

3. Ms. de Carcassonne, *condemnati, fuerant, præfatus*. Fᵒ 10.

4. Aujourd'hui, Saint-Orens-de-Gameville, canton de Castanet
(Haute-Garonne). — *Layettes*, nᵒˢ 2086, 2087, 2158.

5. Arnaud Gui l'Ancien. (*Hist. gén. de Lang.*, édit. Privat, t. VIII,
col. 502, 506, 516, 527.)

6. Ms. de Carcassonne, *Melitum*. Fᵒ 10.

7. Ms. de Carcassonne, *Siguareii*. Fᵒ 10. (*Hist. gén. de Lang.*, édit.
Privat, t. VIII, col. 738, 740, 943.)

8. Conf. *Histoire générale de Languedoc*, édit. Privat, col. 1147,
1330, 1331.

9. Ms. de Carcassonne, *imo*. Fᵒ 10.

10. *Nisi* n'est pas dans le manuscrit de Carcassonne.

11. Ms. de Carcassonne, *desisteret*. Fᵒ 10.

12. Ms. de Carcassonne, *a villa*. Fᵒ 10.

petu, ejecerunt dictum fratrem inquisitorem de domo et de tota villa, ad manus illum trahentes. Quem totus conventus associavit processionaliter usque ad caput pontis Deaurate ultra Garonam[1]. Ibi enim protestati sunt dicti consules, quod, si cessaret ab inquisitione, permitterent eum stare in villa, sicut fratres alios. Alioquin, mandabant sibi districte, ex parte comitis et eorum, quod exiret de terra comitis, sine mora. Ipse vero, accepto fratre Giranno in socium, abiit Carcassonam. Inde mandavit capellanis parrochialibus Tholosanis et priori Sancti Stephani per litteras suas, quod citarent secundo[2], ex parte sua, illos eosdem citatos. Quod fecerunt diligenter, quamvis multas minas et terrores eis homines de villa intulissent. Quod videntes consules, qui tunc erant, scilicet Grifus de Roaxio[3], A. Barravi[4], Curvus de Turribus[5], B. de Miromonte[6], A. de Sancto Barcio[7], Poncius de Siolh[8], B. Signarius, R. Borellus[9], R. Rotgerius et socii eorum, Maurandus de Bello Podio[10], Aldricus Maurandi[11] miserunt de nocte pro jam dicto priore Sancti Stephani et Guillelmo Vaquier[12], et pro aliis capellanis qui citaverant, et ad domum communem eos tenuerunt per partem noctis. Postea vero eos extra villam ejecerunt, dicentes et affirmantes quod, si quis de cetero eos citaret, pro hujusmodi[13] sine mora interficeretur; et idcirco nullus de clericis vel religiosis ex tunc ausus fuit amplius eos citare.

Fecerunt tunc temporis dicti consules tibicinari per villam ex

1. Ms. de Carcassonne, *Garumnam*. F° 10.
2. Ce mot manque dans le manuscrit de Carcassonne.
3. Conf. *Histoire générale de Languedoc*, édit. Privat, t. VIII, col. 1200.
4. Conf. *Layettes*, nos 1948, 2130, 2369, 2739.
5. Conf. *Histoire générale de Languedoc*, édit. Privat, t. VIII, col. 1219. — *Layettes*, nos 2380, 2382, 2721, 3029, 3100, 3229.
6. Un parent de l'évêque, probablement. (Conf. *Layettes*, nos 1712, 1994, 2325, 2581.
7. Conf. *Layettes*, nos 859, 860, 1948, 2138, 2145, 2155, 2203,/2325, 2369.
8. *Layettes*, no 2325.
9. Conf. *Layettes*, nos 2325, 2955.
10. Conf. *Layettes*, nos 2325, 2997, 3241, 3331, 3372, 4027.
11. Conf. *Layettes*, nos 2325, 3079.
12. Conf. *Layettes*, nos 480, 481.
13. Ce mot manque dans le manuscrit de Carcassonne.

parte comitis et sua, in pena corporis et rerum, quod nullus
aliquid in toto mundo daret, vel venderet, vel accomodaret [1], vel
aliquid boni faceret fratribus predicatoribus ullo modo. Hoc etiam
edictum fecerunt de episcopo Tholosano et etiam de canonicis
Sancti Stephani. Unde oportuit tunc episcopum exire extra [2]
villam, quia non poterat intus habere necessaria. Non enim erat
aliquis ausus ei coquere panem nec alia facere hujusmodi. Nos
vero fratres satis habebamus necessaria ab amicis et catholicis,
qui etiam cum periculo portabant nobis panem et caseos et ova
per parietes orti, et modis omnibus quibus poterant. Quod intel-
ligentes dicti consules ville, posuerunt ad portas nostras custodes
suos, etiam ex parte orti [3], qui de die et de nocte custodiebant
domum, ne aliqua necessaria ad nos intromitterentur, et etiam
aquam de Garona [4] omnino nobis auferebant : quod etiam erat
nobis majus dampnum, quia non poteramus coquere cum aqua
nostra legumina. || Tunc dolebant catholici, plangebant ma- Fo 13 A.
trone fideles, suspirabant, murmurabant et gemebant; sed multi
de nocte prohiciebant nobis panes bonos et magnos et placentas [5]
et caseos in ortum [6] ultra parietes, caventes ne custodes hoc vide-
rent. Ita fuimus, et bene per Dei gratiam per tres epdomades [7] et
circa, gaudentes et exultantes in Domino, et devote cantantes offi-
cium in ecclesia. Tunc temporis, frater Guillelmus Arnaldi, inquisitor, misit litteras suas de Carcassona fratri Poncio de Sancto
Egidio, priori nostro, mandans ei, quia non erant ausi alii citare
dictos hereticales, quod ipse injungeret duobus fratribus nostris,
quod illi citarent eos ex parte ejus perhemptorie, ut venirent Carcassonam responsuri de fide sua coram eo, et alios duos fratres
illis adjungerent qui essent testes dicte citationis. Tunc prior fecit

1. Ms. de Carcassonne, pœna, accommodaret. Fo 10.
2. Ms. de Carcassonne, ultra. Fo 10.
3. Ms. de Carcassonne, horti. Fo 10.
4. Ms. de Carcassonne. Garonna. Fo 10.
5. Gateau, Hor. Sat. I, 10; II, 8, 24. — Juven. II, 60. — Martial,
V, 39; VI, 75; IX, 91.
6. Ms. de Carcassonne, hortum. Fo 10.
7. Ms. de Carcassonne, hebdomades. Fo 10.

pulsari ad campanam, et, fratribus congregatis, dixit hylari
vultu: « Nunc, fratres, gaudete, et valde gaudere debetis, quia IIII^{or}
de vobis debeo mittere modo per martirium ad curiam summi
regis. Tale enim mandatum habeo a fratre Guillelmo, inquisitore
et defensore fidei, et creditur firmiter, quod quicunque eos cita-
verint ista vice[1] perhemptoria statim interficientur. Nam ita affir-
mant hoc consules, et alii citati hoc minantur. Idcirco, volo scire
a vobis si estis parati mori pro fide Domini nostri Jhesu Christi,
et volo quod illi qui sic parati sunt statim faciant venias suas. »
Tunc omnes, quasi uno ictu, fecerunt venias in capitulo; et ipse
gaudens fecit eos omnes surgere, et respondit dicens : « Benedictus
Deus[2], quia invenio vos paratos. » Et multa alia verba dixit nobis,
et addidit : « Modo ego deliberabo quos mittam, ex quo[3] omnes vul-
tis ire, quia non sunt omnes necessarii. » Tunc elegit ad citandum
fratrem Raymundum de Fuxo[4] et fratrem Johannem de Sancto
Michaele, de Lemovicinio; fratrem autem Guidonem Navarra[5],
Lemovicensem, et fratrem Guillelmum Pelhisso elegit pro sociis
et testibus. Ipsi vero bene confessi et a priore ab omnibus pecca-
tis suis generaliter absoluti, ut filii obediencie, obedienciam illam
viriliter et gratanter acceperunt, et diligenter et inpavide comple-
verunt, ita scilicet, quod non suficiebat eis querere illos per plateas et domos suas, sed usque ad interiora cubicula querebant
eos. Quando autem fuerunt in domo Maurandi Veteris, querentes
eum, venerunt filii ejus, scilicet Maurandus et Raymundus Maurandus Luscus, cum impetu, et traxerunt fratres foras, verba con-
tumeliosa eis geminantes, trahentes per capillos aliquos, et impellentes extra domum, et percutientes clamabant, volentes eos
vulnerare cum cultellis, nisi quidam prohibuissent eos qui erant

---

1. Ms. de Carcassonne, *Via.* F° 10.
2. Ms. de Carcassonne, *Dominus.* F° 11.
3. Ms. de Carcassonne, *Quo* simplement (f° 11), passage de la
sorte ininteligible.
4. *Frater Raymundus de Fuxo nobilis genere, conversacione
laudabilis. Prior Tholosanus existens obiit Tholose VI Kalendas
Augusti, post capitulum generale Tholose celebratum, anno Domini
M. CC. LVIII.* (Bibl. de Toulouse, 1re série, ms. 273, f° 119 B.
5. Conf. Bibl. de Toulouse, 1re série, ms. 273, f° 161 B.

presentes, qui tenuerunt eos[1], inter quos erat quidam burgensis, P.[2] de Cossano[3], qui retrahebat eos ne facerent, quia catholicus erat. Completa autem illa citatione, habuerunt consilium consules cum hereticalibus, quod omnes fratres de villa expellerent, ex quo non cessabant ab inceptis, nec videbantur timere mortem. Dicebant enim : « Multo melius est nobis, ut eos de villa expellamus quam si occiderentur. » Et in hoc firmaverunt suum consilium. Tunc aliqui amici nostri narraverunt hoc priori; et prior, habito consilio cum fratribus domus et cum fratre Laurencio[4], qui eadem die venerat de Parisius ad legendum in Tholosa, quia magister Johannes de Sancto Egidio jam recesserat de domo cum sociis suis, concordaverunt in hoc suum consilium, quod libros omnes et calices et pannos ecclesiasticos extraherent de domo, et commendarent omnia amicis suis ad tempus; quod et fecerunt.

In sequenti vero die, feria III[a] post festum omnium sanctorum, nonis novembris[5], anno Domini M. CC. XXXV°, celebrata missa conventuali, prior monuit fratres, quod honeste et pacienter se haberent in omnibus, et quod nullus exiret nisi tertio compulsus. Et videns quod aliquantulum tardabant venire consules, quia complices suos congregabant et alios quos poterant, dixit quod bonum erat, quod comederemus quidquid contingeret. Dictis horis, et cum fratres essent in mensa circa XL, et comederent, venerunt consules cum maxima multitudine, et nuntii[6] eorum clamaverunt ad portam quod statim aperiretur, alioquin frangeretur[7].

F° 13 B.

---

1. *Qui erant presentes, qui tenuerunt eos*, manquent dans le manuscrit de Carcassonne.

2. Ms. de Carcassonne, *Petrus*. F° 11.

3. Du lieu de *Cossa* ou *Coussa*, canton de Varilles (Ariége). — Conf. *Layettes*, n° 1994.

4. Conf. Bibl. de Toulouse, 1re série, ms. 273, f°s 36 A, 41 A. — Quétif et Échard, I, 16.

5. 3 novembre. Coïncidence curieuse : c'est le même jour (1581) que les Dominicains ont été expulsés de leur couvent, rue Vélane, non en plein jour, comme en 1235, mais à la faveur du crépuscule du matin.

6. Ms. de Carcassonne, *Nuncii*. F° 12.

7. Catel faisait évidemment allusion à la Chronique de Guillem Pelhisso quand, racontant ces tristes événements, il ajoutait : « J'ai

Tunc janitor ivit ad priorem, et dixit hoc ei. Prior vero exivit
ad eos, et rogavit consules quod permitterent conventum come-
dere, quia erat in mensa. Set ipsi nullo modo hoc facere voluerunt; immo statim garciones eorum intraverunt domum. Tunc
prior pulsavit campanam, et fratres omnes surrexerunt de mensa,
et processionaliter intraverunt ecclesiam cum *Miserere mei,
Deus,* cantando, et, sicut moris est, reddiderunt gratias Deo, et
ibidem remanserunt. Consules vero mandaverunt districte ex
parte comitis et sua, quod statim ipse prior cum toto conventu
suo exiret de villa ; alioquin ipsi eicerent eos violenter. Prior
vero dixit eis, quod nullo modo[1] hoc faceret, ponens pro se et
fratribus aliquas bonas rationes, quas ipsi nullo modo recipere
voluerunt. Interim garsiones[2] eorum iverunt ad refectorium, et
ea que invenerunt comederunt et biberunt. Tunc prior accepit
crucem et capsam que erat in pede Crucis, in qua erant reliquie,
et sedit in claustro tenens sic crucem in manibus, et conventus
totus sedit ibidem coram consulibus et eorum complicibus. Tunc
ipsi iterum et iterum monuerunt priorem et conventum quod
cito[3] recederent. Sed fratres hoc facere noluerunt. Tunc B. Signarius et R. Rotgerius[4] et B. de Miromonte et quidam alii acceperunt priorem per latera, et eum violenter de claustro extraxerunt. Alii vero socii et nuncii consulum fratres omnes similiter
extraxerunt extra claustrum. Quando vero fratres fuerunt ad
portam domus, frater Laurencius, qui venerat ad legendum, et
frater Arnaldus Cathalani[5] postraverunt se ad terram. Tunc Raymundus Rotgerius et quidam alii eos per caput et pedes capientes
violenter extra portam portaverunt. Et sic omnes fratres extra
villam trahentes et impellentes ejecerunt. Verumptamen non
percuciebant[6] eos aliter, nisi quatenus est jam dictum. Prior vero

veu une ancienne Chronique latine dans la Bibliothèque des Frères
de Sainct Dominique de Tolose, escrite à la main, qui explique par le
menu ce qui s'y passa. » (*Hist. des comtes de Tolose,* liv. II, chap. VII.)

1. Ce mot manque dans le manuscrit de Carcassonne.
2. Ms. de Carcassonne, *garciones.* F° 12.
3. Ms. de Carcassonne, *ita.* F° 12.
4. Ms. de Carcassonne, *Rocgerius.* F° 12.
5. Ms. de Carcassonne, *Catalani.* F° 12.
6. Ms. de Carcassonne, *Verumtamen, percutiebant.* F° 12.

incepit cantare alta voce, et conventus cum eo, simbolum fidei,
sicut cantatur in missa, quando eum extrahere inceperunt; deinde
Te Deum laudamus et *Salve, Regina*, quando fuerunt ante ecclesiam Beate Marie Deaurate[1]. Quosdam autem fratres infirmos,
cum fratre Dalbio decrepito, qui longo tempore fuerat capellanus
in ecclesia Beate Marie Deaurate et etiam Dealbate[2], in domo
usque ad septem dimiserunt; sed postea, post paucos dies, etiam
ipsos de villa ejecerunt. Solum vero fratrem Dalbium decrepi-
tum[3], cum quodam converso, in ecclesia Deaurate stare permise-
runt. Fratres vero ejecti de villa iverunt ad boriam Sancti Stephani, que dicitur Bracca Villa[4], ultra Garonam. Homines autem
de villa non erant ausi sociare fratres in exitu, nec aliquid dare
vel mittere propter dictum consulum, et ad hoc etiam explora-
tores posuerunt, si in aliquo eis serviretur. Crastina autem die,
prior fratres suos dimisit per conventus provincie. Ipse vero
stetit per aliquot dies circa Tholosam || et apud Portellum recepit   F° 13 C.
ad ordinem magistrum G[5]. de Sancto Gaudencio, qui magister
fuerat in logica, et in Montepessulano magistraliter inceperat in
phisica. Hic fuit homo magne sanctitatis et mirabilis austerita-
tis. Qui postea in pluribus conventibus in theologia fuit lector.
Quando etiam debebant fratres expelli de Tholosa, intravit ordinem ibi frater Raymundus Thome, de Tholosa, homo religiosus et
bonus, et in obediencia promptus et frequentissime comprobatus.
Volebat enim esse cum fratribus in ordine in tribulatione eorum.

Tempore illo, ivit frater Poncius de Sancto Egidio Romam, cum
fratre Raymundo de Fuxo, et narravit domino Pape Gregorio[6] et
cardinalibus que facta fuerant in terra ista contra fidem, et quomodo fratres in negotio se habuerunt[7]. Unde mandavit dominus
papa comiti Tholosano[8], Raymundo ultimo, quod fratres apud

1. Ms. de Carcassonne, *beatœ Mariœ Deauratœ*. F° 13.
2. Ms. de Carcassonne, *Dealbatœ*. F° 13.
3. Ce mot manque dans le manuscrit de Carcassonne.
4. Près de Portet-Saint-Simon, canton Ouest de Toulouse. Ms. de
Carcassonne, *Braquevilla*. F° 13.
5. Ms. de Carcassonne, *Guillelmum*. F° 13.
6. Grégoire IX.
7. Ms. de Carcassonne, *habuerant*. F° 13.
8. Ms. de Carcassonne, *Tolosano*. F° 13.

Tholosam reduceret, et inquisitionem contra hereticos fieri in terra sua permitteret, et fratres etiam in hoc juvaret. Et super hoc convenit dictum comitem dominus legatus, archiepiscopus Viennensis, cum inquisitoribus apud Carcassonam. Comes vero, habito consilio, reduxit episcopum et inquisitores, et fratrem Ponciur. recepit in Tholosa, sequenti anno [1] post ejectionem, in octabis [2] scilicet beati Augustini, patris nostri [3]. Tunc redierunt fratres de conventibus ubi erant ad conventum Tholosanum [4].

Tunc temporis, datus fuit socius fratri Guillelmo Arnaldi, inquisitori, a domino legato, in negotio inquisitionis, frater Johannes de Notoira [5], minister in provincia ista Fratrum Minorum. Sed quia ipse frater Johannes [6] nimis erat occupatus in officio alio, posuit pro se fratrem Stephanum de Sancto Tyberio [7], virum modestum et admodum curialem. Et tunc ambo inquisitionem unanimes uno corde pariter bene et laudabiliter inceperunt, et usque ad diem martirii [8] sui cum sociis viriliter processerunt.

Anno Domini M.CC.XXXV°, IIII° ydus novembris, frater Guillelmus Arnaldi, inquisitor existens in Carcassona, tulit sententiam excommunicationis contra consules superius nominatos, tanquam contra fautores hereticorum [9].

In diebus illis, factus fuit prior Tholosanus frater P. [10] Cellani, qui erat de Tholosa, vir religiosus et grandœvus [11]. Et postquam

---

1. En marge du manuscrit d'Avignon : *Domini M.CC.XXXVI*.
2. Mss. de Carcassonne, *in octava*. F° 13. La fête de saint Augustin tombe le 28 août.
3. Saint Dominique donna à ses religieux la règle de saint Augustin.
4. Conf. B. Gui, Bibl. de Toulouse, 1re série, ms. 273, f° 10 B, 11 A, 118 B, 119 A. — Géraud de Frachet, Bibl. de Toulouse, 1re série, ms. 191, f° 36 C. — Catel, *Hist. des comtes de Tolose*, liv. II, ch. vii. — Percin, *Monum.*, n° 25-37. — Dom Vaissete, *Hist. gén. de Lang.*, liv. XXV, ch. iii-viii.
5. Ms. de Carcassonne, *Joannes de Notoyra*. F° 13. — Percin, *Netoya, Monum.*, n° 38.
6. Manque dans le manuscrit de Carcassonne.
7. Saint-Tibery, canton de Pézénas (Hérault).
8. A Avignonet, sept ans plus tard (3 mai 1242).
9. A la marge, *sub anno Domini M.CC.XXXVI*.
10. Ms. de Carcassonne, *Petrus*. F° 14.
11. Ms. de Carcassonne, *Tolosa, grandœvus*. F° 14.

fuerunt aliquandiu fratres in conventu Tholosano, dictus prior
cum fratre Guillelmo Arnaldi, collega suo, ivit apud Montem
Albanum, in dyocesi[1] Caturcensi, ut ibi[2] contra hereticos facerent
inquisitionem. Et dum starent ibi, anno Domini M. CC. XXXVI°,
IIII nonas aprilis, quodam mane[3], venit ad domum nostram
Tholose Raymundus Grossi[4], de Tholosa, qui fuerat perfectus hereticus in terra ista, XXII annis vel circa. Qui devote et humiliter
reddidit[5] se, sponte conversus ab heresi, non vocatus nec citatus
tunc, ad voluntatem fratrum omnimodam faciendam. Quem frater
Guillelmus Boni Solacii[6], supprior, tenens locum prioris, recepit
in[7] domo conversum ab heresi gratis. Et de mandato fratris Guillelmi Arnaldi et fratris Stephani, inquisitorum, dictus supprior et
frater Johannes, minister Minorum in Vasconia, et Petrus, prior
ecclesie Deaurate, et magister Arnaldus Pelhisson[8], precentor
Sancti Stephani, et magister Nicholaus de Punctis, capellanus
ecclesie Deaurate, et quidam alii fratres, receperunt confessionem
ejus de heresi, et pluribus diebus eam scripserunt ad confusio-
nem multorum. Et multi tunc confessi sunt veritatem, et inde
inquisitio fuit elucidata. Quo viso et intellecto, gavisi sunt fratres
valde, et credentes hereticorum supra modum fuerunt perterriti,
qui conscii erant sibi || iniquitatum suarum. Dictus vero Ray-   F° 13 D.
mundus Grossi ita bene et integre et ordinate et fideliter facta
hereticorum et credentium est confessus, quod sine divina Providentia factum esse non debet aliquo[9] estimari.

Venit autem prior et frater Guillelmus Arnaldi, inquisitor, et
vocaverunt multos et magnos ad confessionem. Et multi per se

1. Le sens n'est pas : *se rendit à Montauban, dans le diocèse de
Cahors*, mais bien : *à Montauban, et puis dans le diocèse de Cahors*.

2. Ms. de Carcassonne, *ubi.* F° 14.

3. Ce mot manque dans le manuscrit de Carcassonne.

4. Percin, *Monum.*, n° 38.

5. Ms. de Carcassonne, *reddit.* F° 14.

6. Ms. de Carcassonne, *Bonisolatii.* F° 14. — Conf. Bibl. de Toulouse, 1re série, mss. 273, f° 184 A.

7. *In* manque dans le manuscrit de Carcassonne.

8. L'orthographe *Pelhisson* n'est pas tout à fait la même que celle
du nom de notre chroniqueur; peut-être, cependant, étaient-ils parents.

9. *Modo* dans le ms. de Carcassonne, f° 14. — *Aliquo* est mis ici
pour *ab aliquo.*

veniebant timentes deprehendi. Dedit autem Dominus tunc istam
gratiam negocio fidei, quod, cum dictus Raymundus esset unus et
solus testis in multis, nullus tamen verbum suum revocabat, aut
ei contradicebat. Immo, quamplurimi dicebant : « Domini, sciatis
quod totum est ita sicut dominus Raymundus dicit. » Et rogabant
etiam eum quod ipse eis diceret quid amplius in confessionibus
suis essent dicturi, quia ipse sciebat plenariam veritatem.

In tempore illo, multe hæreticationes [1] defunctorum magnorum
et aliorum, quo fuerant facte in Tholosa et in locis aliis extra
villam, per ipsum Raymundum Grossi revelate sunt, et inquisitio
hereticorum per ipsum totaliter, Deo dante et jubente, directa, in
tantum quod magni burgenses et nobiles, ac nobiles domine [2] et
quidam alii per sententiam condempnati sunt, et de cimiteriis
ville a dictis fratribus, presente vicario et populo, extumulati et
ignominiose ejecti, et ossa eorum et corpora fetentia per villam
tracta, et voce tibicinatoris [3] per vicos proclamata et nominata,
dicentis : « Qui a tal fara, a tal pendra [4] »; et tandem in Prato
Comitis sunt combusta, ad honorem Dei et beate Virginis, matris
ejus, et beati Dominici, servi sui, qui, sicut [5] feliciter ordinem is-
tum [6] in Tholosa inchoavit contra hereticos, ita [7], in festo suo ibidem primo celebrato ac deinceps, sicut pretactum est, felicissime
a Domino fieri inpetravit [8].

Tunc temporis, condempnati fuerunt mortui, quia in morte
fuerant hereticati, Embrinus major et Petrus Embrini et Oliva,
mater eorum, et Alesta, uxor dicti [9] Embrini, et Raymundus
Ysarni et due sorores ejus, scilicet Dyas, uxor domini Arnaldi
Barravi, et Raymunda, uxor Bertrandi de Roaxio, et quidam alii
de Burgo, et tracta fuerunt eorum ossa per villam et combusta.

1. Ms. de Carcassonne, *Multæ hæreticationes.* Fº 15
2. *Nobiles domine* manque dans le manuscrit de Carcassonne.
3. Ms. de Carcassonne, *tubicinatores.* Fº 15.
4. Ms. de Carcassonne, *Qui aytal fara, aytal perira.* Fº 15.
5. *Sic* simplement dans le manuscrit de Carcassonne (fº 15), ce qui
rend la phrase inintelligible.
6. Ms. de Carcassonne, *ipsum.* Fº 15.
7. M. Ch. Molinier a ajouté *et* (fº 45). Pourquoi ?
8. Conf. Percin, *Monum.,* nº 41.
9. Ms. de Carcassonne, *domini.* Fº 15.

De civitate similiter fuerunt condempnati mortui Bertrandus Peyrers et Johannes Saladis et P.[1] Jacmars et Magna, uxor Jordanis[2] de Villa Nova, et Raymunda, ejus filia, uxor Arnaldi de Villa Nova[3], et filia Jordanis predicti, uxor Bertrandi de Sancto Lupo[4], mi'itis, et Stephanus de Hyspania, Bernardus Raymundi Teuler et uxor ejus, et Fays et Blanca de Gamevilla et quidam alii de civitate.

Quidam etiam vivi fuerunt condempnati pro hereticis. Quorum quidam fugerunt, et facti sunt heretici[5] perfecti : quidam postea redierunt. Inter quos fuerunt Bernardus Embris, Raymundus Sentolhs, P. Guillelmi[6] de Orto, Raymundus Rotgerii[7], Arnaldus Rotgerii[8], qui fuit postea episcopus hereticorum, Alamannus[9] quoque de Roaxio, Sicardus de Tholosa[10], miles, Stephanus Massa, P.[11] de Roaxio, Poncius de Gamevilla, Guillelmus Mercadier et Cortesa, soror ejus, Arnaldus Guillelmi Peyrier et uxor ejus Øndrada, mater ejus et mater matris, et pater Arnaldi Peyrier[12], et Pictavinus Laurencie[13] et Bartholomeus Boers[14].

Maurandus etiam Senex factus est hereticus perfectus, et Arnaldus de Villa Nova, filius Jordani, P. de Bovi'i[15], Guillelmus Petri Duran, || Michael[16] de Pinu, Na Cadolha, Berenguera[17], **F° 14 A.** filia B. Raymundi, campsoris. Multi de istis fuerunt postea combusti apud Montem Securum.

1. Ms. de Carcassonne, *Petrus.* F° 15.
2. Ms. de Carcassonne, *Jordani,* F° 15.
3. Conf. *Layettes,* n°⁸ 858, 1072, 1440, 1538, 3079, 3097, 3229.
4. Conf. *Layettes,* n°⁸ 2230, 3029, 3079.
5. Ms. de Carcassonne, *Condemnati, hæretici.* F° 15.
6. Ms. de Carcassonne, *Petrus Guillelmus.* F° 15.
7. Ms. de Carcassonne, *Rogeri.* F° 15.
8. Ms. de Carcassonne, *Rogeri.* F° 15.
9. Ms. de Carcassonne, *Armanus.* F° 15.
10. Ms. de Carcassonne, *Sycardus de Tolosa.* F° 15.
11. Ms. de Carcassonne, *Petrus.* F° 15.
12. Ms. de Carcassonne, *Peyrer.* F° 15.
13. Ms. de Carcassonne, *Laurenciæ.* F° 15.
14. Ms. de Carcassonne, *Bartholomæus Brens.* F° 15.
15. Ms. de Carcassonne, *Petrus de Vobilla.* F° 15.
16. Ms. de Carcassonne, *Miquel.* F° 16.
17. Ms. de Carcassonne, *Brenqueyra.* F° 16.

8

De illis etiam qui extra villam erant multos similiter condempnaverunt dicti Fratres, scilicet de Lauraco, Guillelmum de Insula [1],
B. de Santo Martino [2], milites, et Balaguerium [3]. Et isti postea
interfuerunt morti Fratrum [4]; sed duo primi combusti fuerunt
apud Montem Securum ; tertius tractus fuit et suspensus.

Condempnaverunt etiam Raymundum de Perelha [5], dominum
Monti Securi, et Corbam, uxorem ejus, et Arnaldum Rotgerii [6],
fratrem dicti Raymundi, et Petrum Rotgerii de Mirapisce, do-
minos de Monte Securo, et Ysarnum de Tays, de Appamiis, et
Peyronetum, de Mont Maur [7].

Condempnaverunt etiam Raymundum Hunaldi, dominum de
Lantario. Guillelmus B. Hunaldi [8], pater Jordani, qui erat perfectus hereticus, combustus fuit Tholose. Abbas enim sancti Saturnini, scilicet P. de Malafayta [9], cepit eum apud Bosquet [10] cum
Arnaldo Gifre [11], heretico, qui similiter fuit combustus apud Al-
biam, quia ibi erat dominus legatus ; et ideo fuit adductus ad eum.

Multi alii fuerunt condempnati [12] per ipsos Fratres inquisitores
et per alios eorum successores [13], quorum nomina non sunt scripta
in *Libro vite ;* set [14] corpora hic combusta, et anime cruciantur in
inferno.

1. Conf. *Histoire générale de Languedoc,* édit. Privat, t. VII,
col. 351.

2. Conf. *Histoire générale de Languedoc*, édit. Privat, t. VIII,
col. 1154, 1155.

3. Conf. *Histoire générale de Languedoc,* édit. Privat, t. VIII,
col. 1155, 1156.

4. A Avignonet (1242). Ils avaient, en 1240, pris part à la levée de
boucliers contre le roi de France.

5. Péreille (Ariége). Conf. *Layettes,* n° 2440.

6. Ms. de Carcassonne, *Rogerii.* F° 16.

7. Ms. de Carcassonne, *Montmau.* F° 16.

8. *E i es W. Unautz en R. Unaudes.* (*Chanson de la Croisade,*
v. 8999. — Conf. *Layettes,* n°s 623, 28/5, 3079.)

9. Ms. de Carcassonne, *Malafayra.* F° 16.

10. *Le Bousquet,* canton de Lanta (Haute-Garonne).

11. Ms. de Carcassonne, *Giffri.* F° 16.

12. Mss. de Carcassonne, *condemnati.* F° 16.

13. Le manuscrit de Carcassonne porte un point après *successores ;*
il donne ensuite *Eorum nomina.* F° 16.

14. Ms. de Carcassonne, *sed.* F° 16.

Explicit quod scripsit manu sua frater Guillelmus Pelhisso, Tholosanus, qui vidit et interfuit; et tandem obiit Tholose, in festo Epiphanie[1], anno Domini M⁰.CC⁰.LXVIII⁰[2].

Hæc autem que sequuntur, que[3] in diebus illis contigerunt, scripsit ille qui vidit et interfuit in hunc modum[4].

Quod vidimus et audivimus fideli scribimus narratione. Accidit namque, anno Domini M.CC.XXXIIII⁰, feria quinta post festum Penthecostes, quod frater Arnaldus Cathalani, de ordine Predicatorum, de conventu Tholosano[5], tunc temporis, secundum mandatum domini pape, a priore provinciali ordinis sui in episcopatu Albiensi[6] missus pro inquisitionibus hereticorum faciendis, ex officio sibi injuncto processit in hunc modum. Hora tercia predicte diei, priusquam synodus celebraretur que tunc instabat, vocavit bajulum curie domini episcopi Albiensis, et precepit ei ut faceret extumulari quamdam hereticam nomine Boissenum[7], uxorem quondam Brostaioni heretici, sicut in vigilia Ascentionis Domini transacta, ipse, in plena curia[8], ipso scilicet bajulo audiente et multis aliis, sentenciaverat[9] contra eos. Sed, cum time-

---

1. Ms. de Carcassonne, *Tolosœ, Epiphaniœ*. F⁰ 16.

2. Conf. Percin, *Monum., Martyr. Avenion.*, cap. II, 18-24.

3. Ms. de Carcassonne, *quœ*. F⁰ 16.

4. Tout ce qui suit, comme le marque l'*explicit* précédent, n'appartient plus à la Chronique de Guilhem Pelhisso. S'il faut l'attribuer à B. Gui, comme l'ont fait Quétif et Échard, et M. Ch. Molinier (p. 51, note 5) après eux, nous devons conclure qu'il a appris d'autres bouches les événements de 1234, puisqu'il mourut en 1330. Cette dernière partie est reproduite dans la Collection Doat (t. XXXI, f⁰ 29). C'est à cette source que Martène et Durand (*Thesaurus*, t. I, col. 985-987) l'empruntèrent; reproduction qui n'est pas exempte de toute faute.

5. *Cathalani* et *de conventu Tholosano* manquent dans Doat et dans Martène.

6. *In episcopatum Albiensem*, dans Doat et Martène.

7. Ms. de Carcassonne, *Boyssenum*. F⁰ 16; *Beisseira*, dans Doat et dans Martène.

8. *Præsentia curiæ*, dans Martène et dans Doat. Pourquoi M. Ch. Molinier (p. 52) n'a-t-il pas reproduit *in plena curia*, donné par 'e manuscrit de Carcassonne, f⁰ 17?

9. *Sententiavimus*, dans Doat et dans Martène.

ret[1] predictus bajulus et nuncii sui accedere ad sepulcrum et
hoc mandatum dare exequtioni[2], idem frater Arnaldus[3], accitis[4] quibusdam capellanis et aliis multis, perrexit ad ecclesiam
Sancti Stephani[5], in cujus cimiterio[6] sepulta erat illa heretica,
et, arrepto ligone, primos ictus dedit, fodiens in terram[7], et postea
precepit quod nuncii episcopi facerent, et ipse rediit ad ecclesiam
ut synodo interesset. Et statim ecce[8] nuncii predicti venerunt[9]
nunciantes ipsi se fuisse expulsos turpiter de sepultura, mandato
Pontii B. [10]. Et tunc ipse ivit cum quibusdam capellanis et aliis
multis et cum domino B., capellano domini episcopi; et cum ve-
nissent ad locum, ecce filii Belial, vasa iniquitatis bellantia, sicut docti fuerant a patre suo dyabolo, minis et contumeliis eos
afecerunt. Inseruntur[11] || autem hic eorum nomina, que non am-
bigimus de *Libro vite* esse deleta : Guillelmus de Podio, filius
Poncii B., Raymundus Donadei[12] et Hugo, frater ejus, Curnalha[13],
Guillelmus Montinant, Michael Brotaio, Adzemarius Brosa[14],
filius Raymundi Hugonis, Maurinus Amati et Maurinus Guinho,
Poncius[15] Caus senior, de Castro Veteri[16], Ysarnus Jacobi, Bernardus Fumeti, Bonys[17], Ysarnus[18] Bya et frater ejus, Guillel-

Fo 14 B. (margin)

1. Ms. de Carcassonne, *timeret*. Fo 17.
2. Ms. de Carcassonne, *executioni*. Fo 17.
3. *Frater Arnaldus* manque dans Doat et dans Martène.
4. *Accitis*, dans Martène.
5. Saint-Estève.
6. *Cœmeterio*, dans Martène.
7. *Fodit in terram*, dans Martène.
8. *Ecclesia*, dans Martène.
9. *Venerunt*, dans Martène.
10. Conf. *Histoire générale de Languedoc*, édit. Privat, t. VIII,
col. 915. — *Layettes*, n° 3061.
11. Ms. de Carcassonne, *insolvuntur*. Fo 17.
12. *A. Donadele*, dans Martène.
13. *Curnalha*, dans le manuscrit de Carcassonne, fo 17. M. Ch. Molinier, *Curvalla*. Fo 54.
14. Ms. de Carcassonne, *Azemarius*. Fo 17. (Conf. *Hist. gén. de
Lang.*, édit. Privat, t. VIII, col. 1310. — *Layettes*, n°s 4049, 4051.
15. Ms. de Carcassonne, *Pontius*. Fo 17.
16. *Castelviel*, quartier d'Albi.
17. Le manuscrit de Carcassonne et M. Ch. Molinier ont fait de
Bernardus Fumeti, Bonys, un seul personnage.
18. Ms. de Carcassonne, *Isarnus*. Fo 17.

mus Botz[1], Guillelmus Rotgerii[2], Guillelmus Gavach, Guillelmus
Fenassa, B. Fenassa, Arnaldus Fenassa[3], Aymericus Guinho,
Bonaterra[4], Adzemarius Froment[5], Sestayrol[6], P. de Najaco[7],
Blausac[8], P. Bot[9], Johannes[10] de Foyssens[11], Johannes Des-
ports[12], gener de Beselle[13]. Hii[14] predicti et plures alii, cum
ad eos[15] usque appropincassent, primo Guillelmus de Podio[16] manus violentas in eum[17] injecit et dixit : « Exeatis, proditor[18], de
civitate ! » At illi qui sequebantur eum, videntes quid acciderat,
et ipsi manus in personam predicti fratris temere injecerunt, et
tunc traxerunt ipsum, quidam percucientes eum cum pugnis in
pectore, quidam alapas dederunt in facie[19]; alii trahebant illum
per capucium, alii scindebant capam, sicut postea multis diebus[20]
apparuit. Proh dolor ! si vidissetis[21] quomodo, quidam ante, quidam retro, percuciebant. Alii vero volebant ipsum mittere in ope-
ratoriis, ut eundem jugularent. Ipse vero, videns quod futurum

1. Ms. de Carcassonne, *Bors.* F° 17.

2. Ms. de Carcassonne, *Rogerii.* F° 17.

3. De *Saint-Lieux-la-Fenasse,* canton de Lavaur (Tarn).

4. Le manuscrit de Carcassonne (f° 17) et M. Ch. Molinier (p. 55)
ont fait de *Aymericus Guinho* et *Bonaterra* un seul personnage.

5. Ms. de Carcassonne, *Asemarius.* F° 17.

6. Le manuscrit de Carcassonne (f° 17) et M. Ch. Molinier (p. 55)
ont fait de *Adzemarius Froment* et *Sestayrol* un seul personnage.

7. Ms. de Carcassonne, *Petrus.* M. Ch. Molinier (p. 55) en a fait
un seul personnage avec *Blansac.*

8. Ms. de Carcassonne, *Blausat.* F° 17.

9. Ms. de Carcassonne, *Petrus Brot.* F° 17.

10. Ms. de Carcassonne, *Joannes.* F° 17.

11. Le *Fouyssenc,* canton de Lavaur (Tarn).

12. Ms. de Carcassonne, *Joannes de Ports.*

13. Ms. de Carcassonne, *d'en Veselle.* F° 17.

14. Ms. de Carcassonne, *ii.* F° 17.

15. Ms. de Carcassonne, *ad nos.* F° 17.

16. *G. del Piteg,* dans Martène.

17. *In eum* manque dans le manuscrit de Carcassonne et dans
Martène.

18. Ms. de Carcassonne, *Exeat is prædicator,* f° 17; *Exeat proditor,* dans Martène.

19. *Faciem,* dans Martène.

20. *Sicut prædictis diebus,* dans Martène.

21. Ms. de Carcassonne, *videretis.* F° 17.

erat, expansis manibus in celum, clamavit alta voce : « Benedictus
sit Dominus noster Jhesus Christus ! et : Gratias tibi ago, Domine
Jhesu Christe. » Dixit autem illis qui eum percuciebant et trahebant ad mortem : « Dominus vobis parcat ! » Magnaque multitudo
populi sequebatur eos, clamans et dicens : « Tolle, tolle de terra
hujusmodi[1], quia non est fas eum vivere. » Cumque, sic cla-
mantes, percucientes[2] et trahentes ipsum, transsissent primum
vicum, pervenientes ad secundum qui vergebat ad flumen[3] qui
dicitur Tarnus, et cum aliquantulum processissent ultra[4], super-
venerunt quidam, qui eum de manibus eorum eripuerunt. Cumque se vidisset solutum, et desiissent a verberatione, rediit ad
locum sepulture[5], et inde transiens pervenit usque ad ecclesiam
Sancte Cecilie[6].

Ysarnus vero, capellanus de Denato[7], cum vidisset eum
sic trahi ad mortem, sequtus[8] est eum ut videret finem. At[9]
illi tenuerunt eum, et sicut fratrem predictum verberibus et contumeliis afecerunt[10], et vestimenta ejus sciderunt[11], O[12] quanta
subsannatio infidelium ! Cum transirent per vicos, redeuntes ad
ecclesiam Sancte Cecilie[13], quidam clamabant : « Moriantur pro-
ditores ! » Alii dicebant : « Quare non scinditur caput illius prodi-
toris, et mittatur in saccum, ut prohiciatur in Tarnum ? » Plures
quam ducenti vel trecenti, qui ibi aderant, omnes in hanc sententiam concordabant, et, nedum dicatur de illis pro certo, asserebant[14] quod tota civitas eisdem vocibus clamabat. Itaque, cum
venisset ad ecclesiam cathedralem dictus frater Arnaldus, pre-

1. Ms. de Carcassonne, *ejusmodi*. F° 18.
2. Ms. de Carcassonne, *percutientes*. F° 18.
3. *Fluvium*, dans Martène.
4. *Ultra* n'est pas dans Martène.
5. Ms. de Carcassonne, *sepulturæ*. F° 18.
6. Ms. de Carcassonne, *sanctæ Cæciliæ*. F° 18.
7. *Denaco*, dans Martène; Denat, canton de Réalmont (Tarn).
8. Ms. de Carcassonne, *secutus*. F° 18.
9. *Ac*, dans Martène.
10. Ms. de Carcassonne, *affecerunt*. F° 18.
11. Ms. de Carcassonne, *sciderunt*. F° 18.
12. *O* manque dans le manuscrit de Carcassonne.
13. Mss. de Carcassonne, *sanctæ Cæciliæ*. F° 18.
14. *Asserebat*, dans Martène.

sente[1] episcopo et populo et clero, villam protinus excommunica-vit[2]. Tunc quidam eorum, penitentia[3] ducti, pro se et pro populo satifacere promiserunt, et hoc juraverunt in manu[4] episcopi, quod super[5] hoc facto omnino starent cognitioni ejusdem, et rogaverunt predictum[6] fratrem Arnaldum[7], quod dimitteret eis hanc inju-riam. Et ipse respondit quod injuriam persone sue libentissime dimittebat, || quantum poterat et quantum debebat; injuriam autem universalis[8] ecclesie[9] et domini pape non poterat, nec di-mittebat; et sic, ad instantiam domini episcopi et omnium qui aderant, sententiam quam tulerat relaxavit.

F° 14 C.

Hujus[10] rei sunt testes, Bernardus, capellanus domini episcopi Albiensis[11], P.[12] Guiraudi, sacerdos et notarius civitatis Albie, Rotbertus, capellanus de Frejayrolas[13], Deodatus, capellanus de Cabiscol[14] de Castris, P.[15] Salamonis, capellanus de Boyssaso[16], Guillelmus, capellanus de Monte Pinerio[17], Raymundus, capella-nus de Sancto Africano[18], P. de Fraxino[19], rector ecclesie[20], de

1. Ms. de Carcassonne, *præsente*. F° 18.
2. *Excommunicavi*, dans Martène.
3. Ce mot manque dans le manuscrit de Carcassonne.
4. *Manus*, dans Martène.
5. *Super*, dans Martène. M. Ch. Molinier a adopté cette version, p. 57.
6. Ms. de Carcassonne, *predictum*. F° 18.
7. Ce mot manque dans Martène.
8. Ms. de Carcassonne, *universitatis*. F° 18.
9. Ms. de Carcassonne, *Ecclesiæ*. F° 18.
10. Ms. de Carcassonne, *Ejus*. F° 18.
11. Bernard de Castanet (1275-1303). — *Gallia christ.*, I, 20-22.
12. Ms. de Carcassonne, *Petrus*. F° 18.
13. Fréjairolles, canton d'Albi.
14. Ms. de Carcassonne, *capellanus et capiscol*. F° 18.
15. Ms. de Carcassonne, *Petrus*. F° 18.
16. Ms. de Carcassonne, *Bouysseson*, f° 18. Boissezon, canton de Mazamet (Tarn).
17. Montpinier, canton de Lautrec (Tarn).
18. Saint-Affrique, dans l'Aveyron, ou Saint-Affrique-les-Monta-gnes, dans le Tarn, canton de Labruyère.
19. *Fraisse*, dans le Tarn, canton de Villefranche, ou dans l'Hé-rault, canton de la Salvetat.
20. Ms. de Carcassonne, *Ecclesiæ*. F° 18.

Senegatz[1], magister Petrus de Viliers, Henricus, clericus Galli-
cus, Guillelmus Coderc[2], B. Roguier[3], P.[4] Pelfort et Yzarnus,
capellanus de Denato, qui fuit socius in tribulatione. Explicit[5].

1. Ms. de Carcassonne, *Senegas*, f° 19. *Sénégats*, canto.. de Vabre
(Tarn).
2. Ms. de Carcassonne, *Couderc*. F° 19.
3. Ms. de Carcassonne, *Rotger*. F° 19.
4. Ms. de Carcassonne, *Petrus*, f° 19. — Conf. *Chans. de la Crois.*,
ỳỳ 7153, 7440, 7491, 7617, 9357-9376.
5. L'*Explicit* n'est ni dans Doat ni dans Martène.

FRAGMENT

D'UN

REGISTRE D'INQUISITION

AUJOURD'HUI PERDU

Nous joignons au texte de la Chronique de Guillem Pelhisso les deux folios CCLXII et CCLXXI, recto et verso, d'un Registre de l'Inquisition méridionale, aujourd'hui perdu. Ces deux folios appartiennent à M. Louis Bonnet, de Béziers (Hérault). Ils renferment neuf interrogatoires, dont deux fragmentaires : nous en publions huit; le neuvième, lacéré par un large coup de ciseau, est inintelligible (plus haut, pp. 50-52). Ces interrogatoires n'ont pas sans doute un rapport direct avec la Chronique de Guillem Pelhisso, mais il nous a paru utile de les mettre au jour pour ceux que l'histoire de l'inquisition intéresse.

Le manuscrit (hauteur, 0m34; largeur, 0m25) est sur parchemin; écriture du temps.

DE MONTE AURIOL[1]

Anno Domini quo supra[2], de Monte Auriol, quarto idus octobris,   F° CCLXII.
Rysendis uxor Bernardi Rainaldi de Sancta Camela[3], interrogata, dixit quod vidit Arnaldum Prader et socios ejus hereticos et duas

---

1. En-tête courant du manuscrit. Il existe aujourd'hui deux communes qui ont conservé ce nom : Drémil-Montauriol, à quelques kilomètres nord-est de Toulouse; et Montauriol, canton de Salles-sur-l'Hers (Aude). Des deux, c'est la seconde qui est désignée ici; car, plus bas, déposent devant les Inquisiteurs des témoins appartenant à Sainte-Camelle et à Saint-Martin-de-Lalande, deux localités peu éloignées de Montauriol. Les Inquisiteurs s'y étaient transportés, et le notaire data les dépositions du lieu où elles furent faites en leur présence.

2. Quelle année? Il est difficile de le dire, puisque le folio qui porte le millésime a disparu. Nous savons seulement que cet interrogatoire fut antérieur, d'un temps très-court sans doute, à l'année 1256, car le folio CCLXXI du manuscrit perdu, porte : Anno Domini M. CC. LVI.

3. Sainte-Camelle, canton de Salles-sur-l'Hers (Aude).

matres hereticas, quarum nomina nescit, in domo Dulcie Arnalde, matris ipsius, apud Montem Auriol; et vidit ibi, cum predictis hereticis, Dulciam, matrem ipsius, et Guillelmun Gras et Guillelmum Massa de Monte Auriol, et non recolit si adoravit ibi predictos hereticos nec si vidit alios adorare, quod tunc multum erat juvenis; et tunc predicte heretice steterunt ibi per octo dies vel circa; de tempore, dixit quod quindecim anni sunt vel circa. Item vidit dictum Arnaldum Praderii et socios ejus hereticos in dicta domo; et vidit ibi, cum predictis heriticis, dictam Dulciam matrem ejus; et ibi ipsa adoravit predictos hereticos; sed non recolit si vidit predictam Dulciam adorare; de tempore, vii anni sunt aut circa. Et fuit coram fratre Ferr.[1], apud Conchis[2]; et postmodum commisit ea que continentur in predicta portione. De aliis vero predictis, nescit si commisit ea, antequam veniret coram fratre Ferrario vel post; neque scit si juravit vel abjuravit heresym coram eo, quia multum juvenis erat. Item dixit quod credidit hereticos tunc esse bonos homines. Hec deposuit et abjuravit et juravit coram dicto inquisitore et quod supra.

Contra Dulciam, matrem ipsius.
— Guillelmum Gras.

Contra Guillelmum Massa de Monte Auriol.
— Dictam Dulciam, matrem ipsius.

Anno quo supra, sexto nonas octobris, Esclarmonda de Sancto Amatore, filia quondam Petri de Sancto Amatore de Monte Auriol Lauraguesii[3], interrogata, dixit quod vidit in domo Miracle de Sancto Amatore, matris ejus, apud Montem Auriol, Arnaldum Prader et Guillelmum Alhoura, socium ejus, hereticos; et vidit ibi, cum predictis hereticis, dominam Blanquam uxorem Bernardi de Turre[4]

---

1. *Ferrario*, Fr. Ferrier. (*Hist. gén. de Languedoc*, éd. Privat, VII, ce. 1091, 1142, 1143.)

2. Probablement Conques-sur-Orbiel (Aude), arrond. de Carcassonne. — *Regist. du greffier du tribunal de l'Inquisition de Carcassonne*. Biblioth. de Clermont-Ferrand, ms. 136 a, f° 33 A. *Castrum de Conchis*, f° 34 A, f° 35 B, 1re partie f° 5 B.

3. Dans le Lauragais; Montauriol est ainsi nettement désigné.

4. Nous trouvons un *Bernard de Turre*, consul de Toulouse, membre du Conseil et témoin. (*Hist. gén. de Languedoc*, éd. Privat, VII, pp. 233, 236, 239.)

et Comptors uxorem Petri Oliva de Lauraco [1], qui morabatur cum predicta domina Blanqua, et predictam Miraclam, matrem ipsius, et Amicam, uxorem Arnaldi Isarni de Sancto Martino de Landa [2], ancillam tunc dicte domus, et ibi ipsam adorare predictos hereticos; et vidit omnes predictas personas adorare, et ipsa et alie predicte audiverunt verba et monitiones eorum; de tempore, vi anni sunt aut circa. Item dixit quod vidit Petrum Rogger [3] in dicta domo, dum heretici predicti erant ibi; non tamen vidit eum ibi cum ipsis hereticis; credit tamen quod vidit ibi tunc predictos hereticos. Item vidit Ar. Praderii et Dem., socium ejus, hereticos, in dicta domo et vidit ibi cum dictis hereticis dictam Miraclam matrem ipsius et Guillelm. Massa et Poncium Guillelm. de Turre, nobilem, adorantes predictos hereticos; de tempore quod supra. Predictos hereticos credidit esse bonos homines et veraces et speraret salvari si in eorum secta moraretur. Hec deposuit et adjuravit et juravit coram fratribus Johannes de Sancto Petro et Reginaldo de Carnoto [4] : testes, fratres P. Blegerii, Johannes Pulli, P., Capellanus Drulie [5], B. de Paus et Berengarius de Verneto notarius publicus qui hec scripsit; et fuit coram inquisitoribus dominus Episcopus Tholosanus [6] apud Bellum podium [7]. Item vidit Arnaldum Prader et Guillelmum Alboura, socium ejus, hereticum, in domo domini Bernardi de Turre, militis, apud Montem Auriol; et vidit ibi cum dictis hereticis dominam Blanquam uxo-

1. Laurac, canton de Fanjeaux (Aude).
2. Saint-Martin-de-Lalande, canton de Castelnaudary (Aude). C'est entre Saint-Martin-de-Lalande et Lasbordes qu'eut lieu, le 2[.] septembre 1711, la célèbre bataille de Castelnaudary, qui fut une des plus surprenantes victoires de Simon de Montfort. (Pet. vall. Cern., *Hist.* C. LVII. *La Chans. de la Crois.*, v. 2018-2038. — Guil. de Podiol. *Historia*, xix.
3. Peut-être Pierre Roger, avocat, consul de Toulouse. (*Hist. gén. de Languedoc*, édit. Privat, VIII, cc. 502, 506, 516, 527; ou bien Pierre Roger, fils de Bernard Roger. *Ibid.*, c. 421.)
4. Jean de Saint-Pierre et Rainaud de Chartres. (*Hist. gén. de Languedoc*, édit. Privat, VIII, cc. 1088, 1454.)
5. Probablement Dreuilhe (Haute-Garonne), commune de Revel; ou bien Druilhe (Ariége), arr. de Foix, cant. de Lavelanet.
6. Raymond du Fauga. *Gall. christ.*, XIII, 25.
7. Beaupuy, près de Toulouse.

rèm dicti Bernardi de Turre [1] et Miraclam, matrem ipsius, et
Comptors uxorem Petri Olrici, que duxit ipsam ibi ad videndum
predictos hereticos; et Raimundus Derror Marqueza, qui alias
vocatur Raimundus de la Pen., bajulus dicte domus Bernardi
de Turre, et ibi ipsa et omnes alii predicti adoraverunt predictos hereticos et audierunt verba et monitiones eorum; de tempore, vi anni sunt aut vii aut circa. Item vidit predictos hereticos in domo Guillelmi Massa, apud Montem Auriol; et vidit ibi,
cum predictis hereticis, ipsum Guillelmum Massa et Petronam,
sororiam ejus, et Petronam, filiam dicte Petrone, et dictam Miraclam, matrem ipsius; quod omnes et ipsa adoraverunt ibi predictos hereticos et audierunt verba et monitiones eorum. Item vidit
duos hereticos quorum nomina nescit in dicta domo Guillelmi
Massa; et vidit ibi cum eis dictam dominam Blanquam, que et ipsa
adoraverunt ibi predictos hereticos et audierunt verba et monitiones eorum. Dixit etiam quod in dicta domo erat predicta Petrona, soroia Guillelmi Massa; sed non recolit si vidit eum cum
hereticis simul cum dicta Blanqua. De tempore quod supra. Item
vidit Arnaldum Prader et Guillelmum, socium ejus, hereticos, in
domo Dulcie Arnalde, apud Montem Auriol; et vidit ibi, cum predictis hereticis, dictam Dulciam et Bernardum Arnaldum, filium
ejus, et dictam Miraclam; et ibi ipsa et alii predicti adoraverunt
predictos hereticos et audierunt verba et monitiones eorum. De
tempore, viii anni sunt vel circa. Item vidit Aicelinum et socium
ejus, hereticos, in quadam cabana Boneti de Vuelh, apud Montem
Auriol, cum predicta Miracla, matre ipsius, que adduxit ibi
ipsam...... Mater ipsius adoravit predictos hereticos....... De tempore, vii anni sunt vel circa....... Item vidit....... et Petrum Alboura, socios ejus, hereticos, in domo dicte Dulcie Arnalde; et ibi
ipsa adoravit predictos hereticos et apportavit eis unam fogaciam [2] de mandato dicte matris ipsius. De tempore, vii anni sunt
aut circa. Item vidit in domo Guillelmi Massa Raimundum de

1. Ce passage, depuis *Militis*, appartient à la marge : il y a été
transcrit par la même main.
2. *Fogaciam*. Ce mot désigne un gateau de froment qu'autrefois
on faisait beaucoup dans le Midi, et qui était considéré, dans les
villages surtout, comme une gourmandise.

Mirapisce[1] et socios ejus hereticos; et vidit ibi cum predictis hereticis, dictam Miraclam matrem ipsius; sed non adoravit ibi predictos hereticos; nec vidit dictam Miraclam adorare, quia ab ostio domus statim recessit ipsa. De tempore, vii anni sunt aut circa. Item vidit, in domo predicta, Petrum Laurencium et Guillelmum Got, socium ejus, hereticum; et vidit ibi, cum predictis hereticis, Piccavinam, uxorem Poncii Guillelmi de Turre, et dictam Petronam, neptem Guillelmi Massa et ibi ipsa et alie due predicte adoraverunt predictos hereticos. De tempore, v anni citra. Item apportavit predicto Arnaldo Praderii et socio ejus, heretico, ad domum dicti Guillelmi Massa, unum panem, de mandato dicte matris ipsius. Alibi nec pluries, non vidit hereticos quod recolat; et fuit coram magistro Arnaldo de Gozentz[2] et Arnaldum de Braciaco[3] inquisitoribus apud Bellum Podium; et fuit eis confessa quod viderat Arnaldum Praderium et socios ejus, hereticos, in domo Miracle, matris ipsius, cum predicta Miracla et Amica ancilla ejus; et omnia alia supra dicta celavit eis. Item dixit quod Sclarmonda de Belestat[4] et Petrus Roggerii et Guillelmus de Turre et Piccavina, uxor ejus, et Guillelmus Massa et Petrona, sororia ejus, rogavit ipsam, non simul sed separatim, quod non revelaret eos super facto heresys. De tempore, a duobus annis citra. Hec deposuit coram fratre Johanne de Sancto Petro[5] inquisitore. Testes : frater Johannes Pulli, Egidius, domini comitis clericus, et Berengarius de Verneto, notarius publicus, qui hec scripsit.

Contra Dominam Blanquam, uxorem Bernardi de Turre.	*Contra* Amica, uxorem Arnaldi Isarni.
— Comptors, uxorem Petri Olrici.	— Petrum Roggerium.
— Miraclam, matrem ipsius.	— Dictam Miraclam.
	— Guillelmum Massa.

1. Mirepoix (Ariége).

2. Gouzens (Haute-Garonne), arrond. de Muret. (Voir sur cet Inquisiteur, Biblioth. nation., ms. lat. 9992, f° 2 A. — Arch. départem. de la Haute-Garonne, fonds des Dominicains, Registre, f° 1.

3. Brassac, dans le Tarn ou dans la Dordogne.

4. Belestat, une des quarante-sept localités formant, en 1226, la vicomté de Fenouillèdes, dans la partie méridionale de l'ancien diocèse d'Alet. (*Histoire gén. de Languedoc*, édit. Privat, VII, p. 279.)

5. Cf. Biblioth. nation., ms. latin, n° 9992, f° 2 A. — Biblioth. de Clermont-Ferrand, ms. 136 a, 2° partie, f° 18 B.

Contra Poncium Guillum de Turre.
— Dominam Blanquam.
— Miraclam, matrem ipsius.
— Comptors, uxorem P. Olrici.
— Raymundum dena Marquesa.
— Raymundum de la Pena.
— Guillelmum Massa.
— Petronam, sororiam ejus.
— Petronam, filiam ejusdem Petri.
— Miraclam, matrem ipsius.
— Dominam Blanquam.
— Petronem, sororem G. Massa.
— Dulciam Arnaldam.
— B. Arnaldum, filium ejus.
— Dictam Miraclam.
— Dictam Miraclam.

Contra Dictam Miraclam.
— Guillelmum Boneti.
— Dictam dominam Blanquam.
— Tres alias Matres.
— Petrum Bernardum, fratrem ipsius.
— Dictam Miraclam, matrem.
— Potravinam, uxorem Petri Guillelmi.
— Petronam, neptem Guillelmi Massa.
— Miraclam, matrem ipsius.
— Amicam, ancillam ejus.
— Sclarmondam de Belestat.
— Petrum Roggerii.
— Petrum Guillelmum de Turre.
— Piccavinam, uxorem ejus.
— Guillelmum Massa.
— Petronam, sororiam ejus.

Anno quo supra, pridie nonas octobris, Berengarius de Sancto Amatore de Monte Auriol, de Bello Podio domini episcopi Tholosani, dixit quod ipse tunc vidit, apud Montem Auriol, dyecesis Tholosane, in domo Raimundi Boneti, Arnaldum Praderii et Petrum Sicredi, hereticos; et vidit ibi, cum dictis hereticis, Raimundum Boneti predictum et Raymundam, uxorem Boneti filii ejus, et Arnaldum Boneti et Piccavinam, uxorem Poncii Guillelmi de Turre, militis, et Petronam Guiraudam, matrem ipsius, que duxit ibi ipsum et Guillelmum Massa et Bonetum laboratorem, cujus cognomen nescit ipse, et Petrum Andream de Monte Auriol. Non adoravit dictos hereticos; nec vidit ab aliis adorari. Non audivit predicatorem dictorum hereticorum. De tempore, xiii anni sunt vel circa. Item vidit Miraclam, matrem ipsius, tunc venientem ad videndum Arnaldum Praderii et socios ejus, hereticos, apud Montem Auriol, in quodam viridano dicti Boneti laboratoris. Et vidit ibi, cum dictis hereticis, Pellicerium de Mommerle et Alazaicium matrem, alienigenam, tunc ancillam dicte matris ipsius; nec scit unde sit vel ubi moratur. Omnes de Monte Auriol. Non audivit predicationem dictorum hereticorum; non adoravit eos ipse, nec vidit ab aliis adorari. De tempore quo supra. Alibi non vidit hereticos, nec aliud fecit cum eis, nec credidit hereticos esse bonos homines; et non fuit coram inquisitoribus usque modo, et abjuravit heresym. Hec deposuit apud Galhacum, coram fratre

Joanne de Sancto Petro, inquisitore. Testes : fratres P. Blegerii, Berengarius de Verneto, Bertrandus de Scho., qui hec scripsit. In crastinum, deposuit et dixit corrigendose quod, quum vidit predictos hereticos in dictis locis, adoravit eos et vidit omnes alios predictos adorari, et audivit ipse tunc monitiones eorum et credidit hereticos esse bonos homines.

Contra Raymundum Boneti.
— Raymundum, uxorem dicti Boneti.
— Arnaldum Boneti.
— Peccavinam, uxorem P. de Turre.
— Dominam Blanquam, ux. G. de Turre.
— Aigrailhosam, ex. G. de S.-Martino.
— Dominam Ermengardam, uxorem P. de Turre.

Contra Petronam Guiraudam
— Miraclam, matrem ipsius.
— Guillelmum Massa.
— Boneti, laboratorem.
— Petrum Andree.
— Miraclam, matrem ipsius.
— Pellicerium de Mommerle.
— Alozaicam, matr. alienigenam.

DE MONTE GALHARDO [1]

Fᵒ CCLXXI. ...uxor ejus, mater ipsius, qui invenerunt ibi predictos hereticos. Qui heretici steterunt ibi, post adventum predictorum paren-
tum suorum per unam noctem; et ibi ipsa et dicti parentes
ipsius, et ipsa vidente, adoraverunt predictos hereticos et audiverunt monitiones eorum. Adjecit etiam quod vidit ibi tunc, cum
predictis hereticis, Raymundum Fargas et Guillelmum Fargas
de Airos, avunculos ipsius, et Guilhelmum dena Sazia de Airos
et Viernam, uxorem ejus, et Guilhelmam, filiam eorum, omnes
istos cruces signatos pro heresi; et quod omnes, ipsa vidente, adoraverunt predictos hereticos. Dixit etiam quod ipsa et omnes alii
predicti comederunt tunc de pane ab ipsis hereticis benedicto, dicendo *Benedicite*, secundum morem hereticorum. De tempore,
IIII anni sunt aut circa. Item vidit alias in dicta domo bis Arnaldum Hugonem et socerum ejus, hereticos, et una de illis vicibus
fuit ibi Guillelmus God hereticus cum eis; et vidit ibi qualibet vice
predictos Petrum Fargas, patrem ipsius, et Raymundam, matrem
ipsius, qui ambo et ipse adoraverunt qualibet vice hereticos et
audiverunt monitiones eorum. Dixit etiam quod, dicta vice qua

1. Montgaillard; Toulouse avait une porte de ce nom. Montgaillard
est une commune du canton de Villefranche. A cet en-tête courant
est joint celui de *Dels Forcoveux*, probablement *Fourquevaux* (Haute-
Garonne).

fuit ibi dictus Guillelmus God, hereticus, cum aliis predictis hereticis, vidit ibi Raymundum Fargas predictum, avunculum ipsius,
et Engleziam, uxorem ejus, de Airos, qui ambo, ipsa vidente,
adoraverunt predictos hereticos. De tempore quod supra. Predictos hereticos credidit esse bonos homines et habere bonam fidem,
ut speraret salvari, si in eorum secta moraretur; et alibi non
vidit, ut dixit, hereticos, nec fuit coram inquisitore usque modo.
Hec deposuit et abjuravit et juravit coram predictis.

Contra Petrum Fargas.	*Contra* Guillelmam, filiam eorum.
— Raymundum Fargas.	— Petrum Fargas et Raymundam, pa-
— Guillelmum Fargas.	rentes ipsius.
— Raymundam, parentem ipsius.	— Raymundum Fargas predictum.
— Guillelmum deva Sazia d'Airos.	— Engleziam, uxorem ipsius de Airos.
— Viernam, uxorem ipsius.	

Anno quo supra, in crastinum sancti Andree[1], Raymunda uxor
Petri de la Farga, de manso dels Forconey, dixit quod vidit Arnaldum Hugonis et Gaucelmum et Raymundum, laboratorem, et
socerum ejus, hereticos, in domo ipsius et viri ipsius; et fuerunt
ibi dicti heretici per quoddam spatium noctis; et vidit ibi, cum
dictis hereticis, Petrum de la Farga, maritum ipsius, Guillelmum
Fargas et Raymundum Fargas, sozonos[2] ipsius, Guillelmam, uxorem Pontii Fargas qui manet apud Airos, Guillelmum Sazia Senio-
rem et Viernam, uxorem ejus, de Airos; et ibi ipsa et omnes alii,
ipsa vidente, adoraverunt dictos hereticos flexis genibus, dicendo
Benedicite, secundum modum hereticorum et audiverunt ibi monitiones eorum. De tempore, quatuor anni sunt aut circa. Item
dixit quod vidit Arnaldum Hugonem et socerum ejus, hereticos,
in domo ipsius; et vidit ibi, cum dictis hereticis, dictum maritum
ipsius; et ibi, ipsa vidente, adoraverunt dictos hereticos, ut dictum est supra, et audiverunt verba et monitiones eorum. De tempore quod supra. Item dixit quod vidit uxorem ejus de Airos et
dictum maritum ejus; et ipsa et omnes alii, ipsa vidente, adora-

---

1. 1er décembre.
2. Serviteurs ou plutôt associés. « Soz:dum, idem quod *Socidum* in
Socida, Societas, ab italico Sozio, Socius : unde *Sozare*, ad societa-
tem seu medietatem fructuum dare. » — Du Cange.

verunt dictos hereticos et audierunt verba et monitiones eorum.
De tempore, iiii anni sunt vel circa. Alibi, ut dicit, non vidit hereticos. Predictos hereticos credidit esse bonos homines et veraces
et habere bonam fidem, et non venit coram inquisitoribus usque
modo. Item dixit quod, cum omnibus predictis hereticis, vidit
Guillelmam, filiam ipsius, adorantem illos hereticos et audientem
verba et monitiones eorum : de tempore quod supra. Dixit etiam
quod comedit de pane ab hereticis benedicto ; de tempore quod
supra. Hec deposuit Tholose coram fratre Joanne de Sancto
Petro, inquisitore ; et juravit et abjuravit. Testis : Petrus capellanus Drulye [1] qui hec scripsit [2].

Contra Petrum de la Farga, marit. ipsius.	*Contra* Dictum maritum ipsius.
— Guillelmum Fargas.	— Raymundum Fargas.
— Raimundum Fargas.	— Engleziam, uxorem ejus.
— Guillelmum, uxorem Poncii Fargas.	— Dictum maritum ipsius.
— Guillelmum Sazia seniorem.	— Guillelmam, filiam ejus.
— Viernam, uxorem ejus.	

Anno Domini M.CC.LVI, in festo sancte Catharine [3], Petrona
Donadena, de Monte Galhardo, interrogata, dixit quod nunquam
visitavit hereticos nec adoravit, nec aliquam participationem cum
hereticis habuit ; dixit tamen quod vidit sepeliri dominam Aram,
de Monte Galhardo, hereticam, in nemore dicto *del Cuenh* [4] prope
Montem Galhardum, et sepeliebant ipsam hereticam, quum ipsa
supervenit [5] Guillelmus de Rocovilata, et Petrus Boer de Sancto
Romano [6] et Petrus Bagort de Monte Galhardo et Guillelma Dona
ejusdem loci. Sed non vidit ibi, ut dicit, hereticum nec hereticam.
De tempore, xxx anni sunt vel circa. Hec deposuit coram fratribus

1. Plus haut *Drulie.*
2. Rarement un témoin remplissait en même temps l'office de notaire de l'inquisition.
3. 30 avril.
4. J'ignore si le souvenir ou le nom du bois *del Cuenh* s'est conservé dans le pays.
5. Roquevilète, probablement Roqueville (Haute-Garonne), commune de Montgiscard.
6. Saint-Rome, canton de Villefranche (Haute-Garonne).

Jo. de Sto. Petro et Reginaldo de Carnoto, inquisitoribus. Test!s: Berengarius de Verneto qui hec scripsit.

Contra Guillelmum de Rocovilata.
— Petrum Boerii de Sancto-Romano.

Contra Petrum Bagort de Monte Galhardo.
— Guillelma Dona.

Anno quo supra, IX° calendas novembris, Arnaldus de Capellano, de Monte Galhardo, interrogatus, dixit quod Arnaldus Praderii rogavit ipsum quod portaret quasdam litteras, quas idem Arnaldus Praderii dedit ipsi Blanque, uxori viri de Turre, militis aut Poncio Guillelmo de Turre, militi; quod fecit; et portavit predictas litteras predicte Blanque, ex parte dicti Arnaldi Praderii, quod rogavit ipsum cum non haberet qui legeret eas, nec dictus Poncius Guillelmus esset ibi, quod portaret dictas litteras Mirote, uxori Guiraudi; quod et fecit; et dicta Mirota noluit recipere dictas litteras, que immittebantur ipsi. De tempore, a duobus annis citra. Dixit etiam quod credebat tunc, quod dictus Arnaldus Praderii mitteret illas litteras ad assecurandam vel predictas personas vel homines suos. Item dixit quod audivit tunc a dicta domina Blanqua quod Petrus Rezengas portaverat ipsi Blanque quasdam litteras ex parte Arnaldi Praderii. Hec deposuit apud Galhacum coram dictis inquisitoribus, fratribus Johanne de Scto Benedicto[1] et Dominis, predicatoribus. Berengarius de Verneto *notarius et* Petrus, Capellanus Drulye, qui hec scripsit.

Contra Arnaldum Praderii.
— Blanquam, uxorem viri de Turre.

Contra Poncium Guillelmum de Turre.
— Petrum de Rezengas.

Anno Domini M.CC.LVI, quinto nonas novembris, Bertrandus, de Rocovila, miles de Monte Galhardo, interrogatus, dixit quod vidit Guillelmum Ricardi et socios suos hereticos duos aut tres in quodam nemore, quod dictum de *Cregons* quod dicitur *lo Fraysse;* et vidit ibi, cum dictis hereticis, Petrum de Perles de Villafranqua[2], Bernardum Maurini de Avelaneto[3] et B. Venert de Monte Galhardo

1. Jean de Saint-Benoît.
2. Villefranche.
3. Lavelanet, dans l'Ariège, arrondissement de Foix, ou dans la Haute-Garonne, arrondissement de Muret.

et multos alios, de quorum nominibus non recordatur. Sed non
adoravit; nec vidit, immo recessit ad dictum dictorum hereticorum, qui noluerunt ipsum videre cum predictis personis. De tempore, xviii anni sunt aut circa. Item dixit quod vidit Arnaldum
Praderii, Hugonem Dureti et quatuor alios socios eorum hereticos, apud Montem Galhardum, in domo ipsius, et fuerunt ibi
dicti heretici per unam diem comedentes de bonis dicte domus;
et vidit ibi, cum dictis hereticis, Indiam, uxorem ipsius, Bec, fratrem ipsius, et Stephanum Donat et Donatum, fratres de Monte
Galhardo ; et ibi ipse adoravit dictos hereticos flexis genibus, secundum modum hereticorum, et audivit verba et monitiones eorum ;
sed non vidit alios adorantes, quod recolat. De tempore, x anni ut
credit. Item dixit quod vidit Poncium de Sancta Fide[1] et tres socios
ejus, hereticos, in domo ipsius, apud Montem Galhardum ; et fuerunt ibi dicti heretici per magnum spatium noctis; et vidit ibi, cum
dictis hereticis, Stephanum Donati et Donatum, fratres, de Monte
Galhardo, qui adduxerunt ibi dictos hereticos; et credit quod India,
uxor ipsius, vidit ibi dictos hereticos et scivit; sed ipse non recordatur quod viderit eam cum illis hereticis, et ipse ibi adoravit
dictos hereticos, ut dictum est supra, et vidit alios adorare. De
tempore, xii anni circa. Dixit etiam qued tam Arnaldus Praderii
et socii sui predicti, heretici, quam Poncius de Sancta Fide et socii
ejus, heretici, venerunt ibi, ad pacificandum quamdam discordiam,
que erat inter ipsum et fratres ipsius, ex una, parte et Gardoch, ex
alia; dixit etiam quod Stephanus Donat et Donatus tractabant hoc
cum hereticis, pro parte ipsius, et cum ipso, et Guillelmus de Gomervila[2] et Garinus cum hereticis et cum Gardoch, pro parte ipsius
Gardoch, ut Stephanus Donati et Donatus dicebant ipsi; sed ipse
non vidit dictum de Gomervila cum hereticis nec Garinum, ut dicit.
De tempore quod supra. Item dixit quod, ex parte Petri de Mazerot, ivit ad Arnaldum Praderii, dicens ipsi Arnaldo Praderii quod
Petrus de Mazerot mirabatur multum, quod ipse Arnaldus Praderii petebat mille solidos ab ipso Petro de Mazerot. De tempore,

1. Probablement Sainte-Foix de l'Ariège, canton de Mirepoix.
2. Probablement *Goderville*, département de l'Aude, arrondissement de Castelnaudary, canton de Salles-sur-l'Hers.

ab anno circa. Alibi, ut dicit, non vidit hereticos. Predictos here-dictos credidit esse bonos homines et veraces, et habere bonam fidem; et recognovit quod malefecit, quum negavit predicta, co-ram fratre de Caucio[1] et socio suo, quondam inquisitore, et iterum coram nobis, multoties in judicio requisitus, scienter contra pre-cipuum juramentum. Dixit etiam quod ipse et Galhardus, frater ipsius, condixerunt invicem quod non dicent quod vidissent hec in dicta domo, fratri Johanni et socio suo, inquisitoribus. Hec deposuit coram fratibus Johanni et Reginaldo inquisitoribus et juravit et abjuravit et obligavit. Testes : fratres ordinis predicato-rum Johannes de Sancto Benedicto et P. Ulegerius et P. capella-nus Drulye, notarius, qui hec scripsit.

Contra Petrum de Pertes.	*Contra* Indiam, uxorem ipsius.
— Bernardum Maurini.	— Stephanum Donat.
— B. Beneig.	— Donatum fratres.
— Indiam, uxorem ipsius.	— Guillelmum de Gomervila.
— Bec, fratrem ipsius.	— Garinum.
— Stephanum Donat.	— Gardogh.
— Donatum fratres.	— Petrum de Mazerot.
— Stephanum Donati.	— Arnaldum Praderii.
— Donatum fratres.	

Item, anno et die quo supra, Galhardus de Rocovila, miles de Monte Galhardo, interrogatus, dixit quod vidit Arnaldum Pra-derii, Hugonem Dominam et quatuor alios hereticos, de quorum nominibus non recordatur, apud Montem Galhardum, in domo Bertrandi de Rocovila, fratris ipsius; et vidit ibi, cum dictis he-reticis, Stephanum Donati et Donatum, fratrem ejus, de Monte Galhardo; et ibi ipse adoravit dictos hereticos, flexis genibus, secundum modum hereticorum; et audivit verba et monitiones eorumdem hereticorum. Sed non vidit alios adorari quod recolat. De tempore, decem anni aut circa. Alibi, ut dicit, non vidit pre-dictos hereticos; credidit esse bonos homines et veraces et habere bonam fidem; et fuit alias, anno precito, coram nobis; et negavit omnia scienter predicta contra precipuum juramentum, et hoc propter timorem Bec et Bernardi fratrum suorum. Interrogatus

1. Bernard de Caux. Cf. Biblioth. de Clermont-Ferrand, ms. 136 *a*, 2ᵉ partie, fᵒ 6 A. — Biblioth. de Toulouse, ms. 273, 1ʳᵉ série, fᵒ 160 A. — Percin. *Monum conv. Tolos.* p. 54, nᵒ 14.

si vidit Bec et Bernardum et Indiam, sororem ipsius, cum dictis hereticis, dixit quod non recordatur. Hec deposuit loco et die predictis, coram dictis inquisitoribus, et juravit et abjuravit, etc. quod supra in confessione dicti Bertrandi.

Contra Stephanum Donatum.   *Contra* Donatum fratres.

Toulouse, imprimerie Douladoure-Privat, rue Saint-Rome, 39, — 2573

Original en couleur

NF Z 43-120-8